修辞と文脈

レトリック理解のメカニズム

伊藤 薫
Kaoru Ito

若い知性が拓く未来

　今西錦司が『生物の世界』を著して，すべての生物に社会があると宣言したのは，39歳のことでした。以来，ヒト以外の生物に社会などあるはずがないという欧米の古い世界観に見られた批判を乗り越えて，今西の生物観は，動物の行動や生態，特に霊長類の研究において，日本が世界をリードする礎になりました。

　若手研究者のポスト問題等，様々な課題を抱えつつも，大学院重点化によって多くの優秀な人材を学界に迎えたことで，学術研究は新しい活況を呈しています。これまで資料として注目されなかった非言語の事柄を扱うことで斬新な歴史的視点を拓く研究，あるいは語学的才能を駆使し多言語の資料を比較することで既存の社会観を覆そうとするものなど，これまでの研究には見られなかった溌剌とした視点や方法が，若い人々によってもたらされています。

　京都大学では，常にフロンティアに挑戦してきた百有余年の歴史の上に立ち，こうした若手研究者の優れた業績を世に出すための支援制度を設けています。プリミエ・コレクションの各巻は，いずれもこの制度のもとに刊行されるモノグラフです。「プリミエ」とは，初演を意味するフランス語「première」に由来した「初めて主役を演じる」を意味する英語ですが，本コレクションのタイトルには，初々しい若い知性のデビュー作という意味が込められています。

　地球規模の大きさ，あるいは生命史・人類史の長さを考慮して解決すべき問題に私たちが直面する今日，若き日の今西錦司が，それまでの自然科学と人文科学の強固な垣根を越えたように，本コレクションでデビューした研究が，我が国のみならず，国際的な学界において新しい学問の形を拓くことを願ってやみません。

第26代　京都大学総長　山極壽一

目　　次

まえがき

　近年，人工知能が３度目のブームを迎えているが，そもそも「人工」とつける前に「知能」とは何かということをどのくらい考えたことがあるだろうか。人間の知能は多岐に渡り，視覚，聴覚などの複雑な知覚刺激の処理，言語や数学などの記号操作と推論に関わる能力，人間関係の調整をはじめとした社会的知能など，考え出せばきりがないほどである。こうした知能に関わる学問は認知科学という大きな括りのもと，人工知能の他にも心理学，神経科学などが関わる学際的な研究領域として広がりを見せている。

　本書で取り扱う言語は人間の持つ多様な知能の一端を担い，言語学も認知科学の一分野として扱われることも多い。言語はあまりにも身近な存在であるため，わざわざ注意深く観察する人も少ないだろうが，人間の知能にせよ人工知能にせよ，知能について考える上では重要な存在である。中でも，本書で焦点を当てる修辞表現は，人間がいかに言語という記号体系を柔軟に運用しているかということを示す好例であり，その柔軟な運用が無意識かつ自然に行われていることに気づかせてくれる。また，修辞表現を産出・理解する基盤である認知システムは，有限の記号によって無限の現実を表現する必要性に対処するための道具であり，まだまだ機械が不得意とする創造性の基盤でもある。人文学の価値の一部は，日常に溢れる当たり前の前提を分かりやすく示すことである。本書も修辞表現の説明を通して，これまで当たり前だと思っていた言葉の使い方や人間の知能，ひいては人間とは何かという人文学の根本的な問いについて改めて考えるきっかけになれば幸いである。

　なお，本書は京都大学人間・環境学研究科に提出された博士論文をもとに，専門外の方にも分かりやすく説明を加えたものである。学問の世界は目まぐるしく進歩し，執筆の途中でも新しい知識は日々世に出されるため，多少情報が古くなっている部分もあると思われるがご容赦いただきたい。人文学を専門とされている読者の方には，上記のような人文学の価値を改めて筆者から伝えるまでもないが，言語学の立場による修辞表現についての研究書

として読んで頂きたい。本書は言語学以外を専門とする方に対して（特に理論的な面の記述で）専門的になりすぎる部分があるが，基本的な概念について加筆した解説を参考にしながら，豊富に取り上げたつもりである実例の観察を通して修辞表現の面白さと人間の思考の複雑さ，柔軟さを感じて頂きたい。

第 1 章

日常的に行われる修辞表現の理解

1.1　普通でない「普通の表現」

　「シェークスピアを読む」という表現について，「文字を読む」や「本を読む」から類推できるような意味で，「シェークスピア」という名称を与えられた作品や印刷物を読む，という解釈をする人はまずいないだろう。日本語に習熟していない人であれば頭を悩ませるかもしれないが，一般的には「ロメオとジュリエット」であったり，「マクベス」であったり，シェークスピアの書いた何らかの作品を読むという解釈をごく自然に行うはずである。このような表現はメトニミーと呼ばれ，詳しい定義は後述するが「作者—作品」のような隣接関係に基づいた比喩表現のことを指す。

　上述のメトニミーのように，よく考えると言葉の字義的な意味と理解した内容の間に飛躍を含む表現にはいくつかの類型がある。国語の時間に習うメタファー（隠喩）もその 1 つである。国語の時間に習ったメタファーは文学的な効果のある表現を例としているだろうが，「酒に飲まれる」という割と日常的な表現においても，基本的なメカニズムは文学的なメタファーと共通している。「酒」は口や消化器を持った動物ではないため，この場合の「飲む（飲まれる）」は「液体を体内に取り込む」という字義通りの意味では解釈できない。正確に言い換えるのは難しいが，この「飲まれる」は自制心を奪われるというような意味合いであり，字義通りの意味からは飛躍がある。

　メタファーやメトニミーは字義通りの意味からの飛躍があるという意味で

「普通でない」表現であるが，余程難解でなければ違和感を覚えないという意味で我々は「普通に」理解してしまう。Lakoff and Johnson（1980）は日常の言語使用にメタファーが溢れていることを指摘し，それらの体系性について概念メタファー理論という理論を提唱した。その後，概念メタファー理論は言語に関わる他の様々な理論と共に認知言語学という分野を形成し，メタファーやメトニミーを含めた様々な「普通でない表現」について盛んに研究がなされることになる。

　実はここで「普通でない表現」と呼んだような言葉の使い方に対する興味は古く，少なくとも古代ギリシアにまで遡ることができる。詳しい経緯はレトリックの専門書を参照して頂きたいが，レトリックは古代ギリシアにおける法廷での弁論術として生み出された。法廷で白を黒と言い包めるための術は，その後アリストテレスや古代ローマのクインティリアヌスを経て表現のための技法として体系化され，上述したメタファーなどの「普通でない表現」も「修辞技法（修辞表現）」としてレトリックの一部に取り込まれることになる。その後，レトリックの研究者は修辞技法を分類していくことになる。その後，20世紀初頭にレトリックは衰退することになるが，戦後再び注目が集まり上述の概念メタファー理論では日常言語における修辞表現に注目が集まっている。このように，修辞表現が日常に溢れているということが指摘されたのは最近のことだが，言葉の上手な使い方に対する興味は長い間人類の関心事となっている。

1.2　文脈と修辞表現の自然さ

　修辞表現は普通でない表現であるにも関わらず，人間は自分が熟達した言語であれば難なく理解し，多くの場合は普通でないことを認識することすらない。本論で後ほど詳しく触れる通り，修辞表現の認定のための条件や，修辞表現の解釈が人によって差はあれども，ある程度の範囲に収まることについてのメカニズムについてはある程度研究されている。言語学における研究の主流は選択制限の違反，平たく言えば係り受け関係を持つ2つの語の意味

の両立可能性や，先述した概念メタファー理論によるメタファー理解の背後
にある認知メカニズムなどであった。

　これらの研究の多くでは文以下の言語単位を研究としており，研究者が自
ら考えた文を個別に（つまり，1 つずつもしくは複数の独立した文を比較して）考
察するという手法が取られてきた。そして，それらの研究は大きな成果を上
げたが，修辞表現の理解には他にも様々なメカニズムが関わっていると考え
られ，残された課題も多くある。例えば，「マフラーが踊っている」という
表現を考えたとき，メタファーとしての解釈もメトニミーとしての解釈も可
能だろう。つまり，風に吹かれてはためいているマフラーを擬人的に「踊っ
ている」と表現したとも解釈できるし，「マフラーをつけた人物」が踊って
いる様子を表現したとも解釈できる。これらの解釈のうち，どちらに定まる
かは文脈に依存する。

　他にも曖昧な例は存在する。先の例はメタファーとしてもメトニミーとし
ても解釈できる例だったが，いわゆる掛詞のように，1 つの表現が同じ文脈
の中にあってもその表現について 2 つ以上の解釈が可能な場合がある。小式
部内侍の有名な和歌「大江山　いく野の道の　遠ければ　まだふみもみず
天の橋立」では，「まだふみもみず」が「まだ踏みも見ず（踏んだことがな
い）」という意味と「まだ文も見ず（まだ手紙も見ていない）」という 2 つの意
味で解釈できると古文の時間に習った方も多いだろう。この和歌には詞書
（ことばがき）が和歌を読み解くための文脈を提供しており，このような解釈
を支えていると考えられる。

　この例は（特に現代に生きる我々には）技巧に凝ったように見えるが，この
ような表現も日常言語のシステムの延長線上にあるというのが本論の立場で
ある。修辞表現と言うと堅苦しいイメージがあるが，本論で取り上げる例の
多くは現代人にとって自然に解釈できるものであり，修辞表現であることを
指摘されるまで修辞表現だと気づかないような例も含まれるだろう。詞書と
和歌で構成された修辞表現は当時の貴族にとっては大層効果的だっただろう
が，文法も生活環境も変わってしまった現代では解説されなければ（あるい
は解説されても）直感に響いて来ない。しかし，現代では現代人に訴える修
辞表現が生み出されている。それらは国語の時間に説明されたような解説な

しでも自然に理解できるはずである。本論では，文脈に関する研究を含む言語学の知見を踏まえ，現代語における修辞表現の理解メカニズムを追究したい。

1.3 言語学のフィルターを通して見た修辞表現

修辞表現の研究については，様々な分野からのアプローチが可能だろう。文学においては作家や作品の理解を深める足がかりになるだろうし，工学においてはより人間に近い対話を行うエージェントの開発する上で，修辞表現を理解できるような対話システムの構築が不可欠だろう。本論の関心は多様なアプローチの中から，言語学の立場によるアプローチを取る。

普通の言葉遣いから多少逸脱した修辞表現といえども言語として具現化される以上，言語というシステムそのものや，記憶など言語を成立させている様々な人間の認知能力に関わる制約を受けているはずである。そのような想定に基づき，本論では言語学の立場から修辞表現の理解過程について解明を試みる。換言すれば，これは普通の言語表現を成り立たせるためになされた様々な研究の知見を応用し，その一部として修辞表現を可能にしているものは何か，という問題に答えることでもある。

前節で述べた文脈に関する問題もその一部である。談話・テクスト言語学や語用論の研究では，日常の言語使用においてテクストをテクストたらしめているものは何か，という問いや，言われたことと意味されたことの間を人間がどのように埋めているかということが研究されている。本論では，スタンダードな認知言語学の研究に加え，このような文脈に関する研究による知見も取り入れながら修辞表現の理解プロセスの解明に取り組む。

また，談話・テクスト分析の研究者には，古典的なレトリックを談話研究の先駆とみなす研究者も存在する（van Dijk 1997, 12）。これは古典的なレトリックが修辞だけでなく，文章の組み立て方などの弁論術的側面も対象としていたことが一因だと思われるが，文章の組み立て方にせよ，表現の飾り方にせよ，洗練された言語の使用がコミュニケーションとして機能するには，情報の発信者と受信者の双方が洗練されている必要があるとも考えられる。

実際，一部の詩や文学作品の鑑賞には一定以上の教養が必要だが，日常の言語使用にも修辞表現は溢れており，一般的な人間にも理解可能だからこそ修辞的な表現の使用が広まり，言語の一側面として地位を占めているのだと考えられる。言い換えれば，洗練された表現を理解するための基礎は日常的に使われ，誰しもが持っている能力に支えられているはずである。そして，言語学は一般的にスタンダードな言語使用の仕組みについて説明することを目指す学問分野であり，改めてレトリックを日常的な言語使用と繋がったものとして捉える上での基礎となりうる。

　文章は英語でテクスト（text）と呼ばれ，縦糸や横糸が複雑に組み合わされてできる織物（textile）と語源が共通している。比喩的に言えば，形態素から語，語から句，といった具合に小さな単位が順に組み合わされて構成されるテクストは，細かな繊維を撚り合わせて作られた糸を更に複雑に絡み合わせて作られる織物に喩えられる。普通の言語使用は，繊維や糸を素直な方法で組んでいくことに相当するだろう。しかし，特有の風合いや織柄を生み出したい時には凝った方法で織る必要がある。これは本論でテーマとする修辞表現に相当するが，日本語では修辞表現を指す表現として「言葉の綾」という織物に関するメタファーが存在する。本論では，このように小さな単位が大きな単位を作る際に個々の要素が複雑に絡み合った結果，自然に理解可能な言葉の綾，つまり修辞表現が生み出されるという構図を，言語学のフィルターを通して描き出したい。

1.4　本書のねらい

　既に述べた通り，本論の目的は冷静に考えると破綻しているはずの修辞表現が，どのようにして自然に理解されるかを言語学の立場から解明することである。2019 年現在，人工知能の開発が盛んであり著者もその末端に加わっているが，人工知能は本論で取り扱うような複雑な意味の理解が得意ではない。例えば，食卓で「醤油ある？」と聞かれたときには「醤油を取って欲しい」という依頼として人間は言葉を解釈できるが，人工知能にとってこ

れは難しい。また，別の文脈で家に十分醤油が残っているかどうかを確認するときにも全く同じ「醤油ある？」という表現を利用することができ，文脈によって意味を解釈しなければならないが，これも人工知能にとっては容易ではない。このような問題を扱う語用論と呼ばれる分野が明らかにしたように，自然言語は柔軟である。

　本論では，自然言語の柔軟性と言語の仕組みから，修辞表現という複雑な現象についての説明を試みる。また，これは人間が良い意味で持つ適当さの反映であり，有限の記号からいかに無限といって良い程多様な現実を効率的に描き出すかということの一端を明らかにすることでもある。本書が人間の持つ認識や言語の複雑さと柔軟さを考えるきっかけになれば幸いである。

第 2 章

分析の前提とする概念

メタファーをはじめとした修辞表現についての研究では，様々な要因がその理解に影響を与えるとされてきたが，その中でも重要なものが選択制限の違反である。しかし，選択制限の違反による説明も万能ではなく，様々な批判がなされている。本書では，文脈を修辞表現の理解に影響を与える要因として位置づけ，選択制限の違反というミクロな視点と，文脈の中での文の理解というマクロな視点の双方を考慮して修辞表現の理解に影響を与える要因を探ろうと試みている。本章ではまず，選択制限の違反とそれに類似した概念について紹介する。また，選択制限の違反は複数の語彙項目が統合される際に，語彙項目の持つ意味同士が食い違ってしまうことにより起こるが，このことをより言語学的に捉えるため，認知言語学の諸理論，特に記号の統合過程や概念的意味について捉えるための理論を概観する。続いて，マクロ的な視点から修辞表現を捉えるための概念として，談話・テクスト研究で提唱されている概念，特に結束性，一貫性，談話トピックや話し手の期待について紹介する。

2.1 選択制限の違反と意味の衝突

本節では，ある表現が修辞表現だと理解される上で重要な条件となる，選択制限の違反および意味の衝突について紹介する。基本的に，両者は語彙項目が統合されていく過程で生じる意味と意味の食い違いを捉えているが，そ

れぞれ統語と意味という別々の側面に焦点を当てている点で異なっている。4.1.2で見る通り，意味の衝突の仕方は修辞表現の種類を決定する条件の1つにもなっている。また，選択制限の違反はある表現がメタファーと理解されるための条件だとされていたが，この見方に対する批判も見られる。本節では，選択制限の違反と意味の衝突について紹介した後に，これらによってメタファーを説明する立場への批判を紹介する。また，本書は基本的に選択制限の違反や意味の衝突は，ある表現が修辞的に理解されるためのトリガーの一つになっていると想定している。本節では，この点についても選択制限の違反による説明の批判を紹介した後に述べる。

2.1.1 選択制限の違反とは

選択制限（selection restriction, Langacker（2008, 190）や Cruse（2011）のように selectional restriction とする文献も存在する）とは，Katz and Fodor（1963）が提唱した文における語の意味の制約に関する理論である。まず，Katz and Fodor は語彙項目の持つ要素として，*grammatical markers*（文法標識），*semantic markers*（意味標識），*distinguishers*（識別素）を仮定している。このうち，*grammatical markers* はほぼ品詞に相当する。残りの *semantic markers* と *distinguishers* は語彙項目の意味をそれ以上分解できない概念（atomic concept）まで分解する道具であり，辞書の見出しの中の意味構造と見出し間の意味関係を示す。*Semantic markers* はどの意味関係が表現されているかということについての標識で，*distinguishers* は語彙項目の意味の中で何が特有かということを反映することを意図されている。

選択制限の違反は，語彙項目同士が統合（amalgation）される時に，統合される語彙項目の持つ標識同士が適合しない場合に起こる。例えば，"spinster insecticide" では，"insecticide" が "spinster" の選択制限を満たすために必要な（Human）[1]という *semantic marker* を持たないため，意味的な変則性を予測すると述べている（Katz and Fodor 1963, 199）。この例では2つの語彙項目が統合されているが，動詞とその主語や目的語，道具（instrumental）のような3

1）この Human を囲む丸括弧は Katz and Fodor による記法で，意味標識であることを表す。

つ以上の関係についても選択制限という枠組みで捉えることができるとされている。

2.1.2 意味の衝突

2.1.1 で見たように，選択制限の違反は語彙項目の持つ意義と意義が組み合わされたときに起こる。Cruse（2011, 186）は 2 つの意義を組み合わせた際に生じる「おかしさ」のタイプを 2 つ挙げている。これらのうち 1 つは「意味の衝突（semantic clash）」であり，もう 1 つは「冗語性（pleonasm）」である。本項では，これらのうちから本書で中心的に取り扱うメタファー，メトニミー，オクシモロンと深く関係する「意味の衝突」を中心的に取り扱う。なお，Cruse は選択制限の違反という用語を述部などの選択する側（selecter）と項などの選択される側（selectee）の関係として用いている一方，「意味の衝突」という用語は 2 つの意義の組み合わせの変則性によってもたらされる結果を表すために用いている。本書では，この 2 つを積極的に区別しないが，統語関係に焦点を当てたい場合は「選択制限の違反」，意味関係に焦点を当てたい場合は「意味の衝突」を用いることにする。

Cruse は「意味の衝突」に段階性があり衝突の深刻さは連続的に変化すると仮定しているが，近似的に「不適切性（inappropriateness）」「背理（paradox）」「不整合（incongruity）」という 3 つの区別ができると述べている。これら 3 つの衝突の区別は，「不適切性」が命題的意味は同じだが文体的な選好が異なるのに対し，「背理」と「不整合」は命題的な共起の選好が異なるという特徴，また，「不適切性」と「背理」が訂正可能なのに対し，「不整合」は訂正不可能であるという特徴によってなされる。

まず，「不適切性」の例としては（1）が挙げられている。

(1) My geraniums have kicked the bucket.

（Cruse 2011, 186）

ここでは，"geranium" と "kicked the bucket" が衝突を起こしており，"kicked the bucket" の主語が人間でないことが原因となっている。"Kicked the bucket" の命題内容は "die" と同じだが，文体的な衝突が起きている。

次に，「背理」の例としては（2）が挙げられている。

(2) a. The cat barked.

b. Rain falls upwards, usually.

（Cruse 2011, 187）

(2)a の意味を考えた場合，猫らしい特徴を持つ鳴き声をあげるべき猫が，犬らしい特徴のある鳴き声をあげることになってしまう。ただし，この2つは動物に特有の鳴き声をあげることを表すため，衝突は中間的な水準であるとされている。なお，背理は (2)b のように，ある次元の間違った値が示された場合にも起こると述べられている。

最後に，「不整合」は（3）のように存在論的な食い違いがあまりに大きく，再解釈をしなければ意味が取れない場合だとされている。

(3) purple gestures of rat milk

（*ibid.*）

Cruse は，この表現について特に考えうる整合的な解釈は記述していない。また，(1)，(2) と異なり，表現に含まれるどの語の組み合わせが衝突しているかということについて述べていないため，大きな「存在論的食い違い」の条件が明らかではないが，本書では (3) は極端な例を示したものと理解し，"purple gestures" という表現だけを切り取っても「背理」よりも深刻な衝突であると解釈することにする。この点については，2.2 で認知文法の概念を用いて再度整理する。

2.1.3 選択制限の違反によるメタファーの説明とその限界

Katz and Fodor（1963）は，メタファーを説明するために選択制限の違反という概念を提唱した訳ではなかったが，多くの研究者が選択制限の違反をメタファーを検出するための条件として位置づけようとしてきた。このことについては Stern（1983）に詳しい。その骨子は，選択制限の違反はある表現メタファーを検出するための必要条件でも十分条件でもないということである。以下では，Stern の議論のうち，選択制限の違反がメタファーの十分条

件でないことについて述べた後，必要条件でないという主張について紹介する。その後，Stern の議論にもとづいて本書の取る立場について述べる。

　まず，選択制限の違反がメタファー検出の条件となる，という説（Stern の用語では *the thesis of grammatical deviance*（*GD*, 文法逸脱理論））について説明する。GD は，以下のように定義されている。

> the thesis that a string of expressions will be recognized and interpreted as a metaphor only if, it interpreted literally, it would be grammatically deviant, semantically anomalous, or implicitly self-contradictory, conceptually absurd, nonsensical, a category mistake, a sortal violation, or, on the weakest version, simply false.
>
> （Stern 1983, 577）

　Stern の議論で批判されているのは GD 理論のうち，最も強い文法的な逸脱（grammatical deviance）の場合に限られているが，これよりも弱い制約の場合についても，多くの場合同様に当てはまるとしている。

　Stern が特に批判しているのは，文法的逸脱をメタファーの十分条件とし，ある表現が文脈に依存せずメタファーであることの保証になると見ていることである。このような仮定を置いてしまうと，以下のような文では選択制限の違反が起こっているにも関わらず，メタファーとして解釈されないことが説明できないという問題が生じる。

　（4）　a. The martini is staring at you.

　　　　b. He stuffed his speech with platitudes.

（*ibid*, 582）

　まず，（4）a では選択制限の違反が起こっており，これを字義通りに捉えると酒であるマティーニが「あなた」を見つめていることになり，おかしな解釈になってしまう。この解釈は主語の "martini" を「ドライで洗練された見た目の人物」を指しているというメタファーと捉えるか，「マティーニを持っている（または飲んでいる）人物」を指しているというメトニミー[2]と捉えることで回避できる。次に（4）b は，ある夕食後のスピーチについての報告であ

るとの状況では，メタファーとしての解釈が適切であることが明らかだが，スピーチをした人物が原稿で三角錐を作り，そこにデザートとして出されたフォーチュンクッキーに入っていた決まり文句の紙を，文字通り詰め込んだという解釈も可能であると Stern は述べている。以上の 2 例はいずれも，選択制限の違反を犯しているために字義通りに解釈するとおかしな意味になってしまうが，メタファーによる解釈とメトニミーによる解釈のどちらかを取ることで回避することができる。つまり，(4) 中の選択制限の違反を回避する手段にメタファー的解釈は含まれているものの，それは唯一の手段ではない。したがって，選択制限の違反を犯していることが，ある表現をメタファーとして解釈する十分条件であるという主張は誤りであるとされている。

　また，選択制限の違反がある表現をメタファーと解釈するための必要条件でもないと Stern が主張する理由は，選択制限の違反を犯していなくてもメタファーとして解釈される例文が存在することによる。

　(5) a. Mary has a heart.

　　　b. A painting is blue.

　　　c. John is getting peanuts for his labor.

(Stern 1983, 587)

　(5) の文は，いずれも選択制限の違反を犯していない。しかし，これらをメタファーとして解釈することは可能であり，ある文脈の下では字義的，別の文脈ではメタファーとして解釈される。加えて，字義的解釈とメタファー的解釈の両方が可能な文脈も存在するだろう。これらの例は，選択制限の違反を犯していないある表現がメタファーとして解釈されるか否かについて，文脈が影響していることを示している。

　以上が Stern による GD への批判であり，彼はこれらを前提にメタファーの解釈には文脈が影響すると主張している。つまり，ある表現をメタファーとして解釈するのに影響を与える要因は複数存在しており，その要因には選

---

2) Stern 自身はメトニミーという用語ではなく，省略と述べている。

択制限の違反と文脈が含まれるという考え方をしている。ただし，言語哲学という立場からの研究ということもあり，Stern は文脈が重要であると言うものの，「文脈」については言語外の要素，特に話し手と聞き手が持つ前提と信念にしか詳しい考察をしておらず，事実上考察の対象になっているのは「1 つの文」と「言語外の文脈」の 2 つに限定されている。しかし，現実世界で行われる会話や，1 つのテクストとしてまとめられている文書や小説といった言語使用の実例では，会話やテクストが 1 つの文のみから構成されていることは稀であり，多くの場合にはある文の前後に他の複数の文が存在する。

　したがって，Stern の考察している「文」と「言語外の文脈」に加えて，会話やテクスト内に含まれる前後の文も修辞表現の理解に影響を与える要素として考える必要がある。少なくともこうした要素を考えることで，Stern が「言語外の文脈」として規定している，話し手と聞き手の持つ前提[3]がどのように形成されるかということの一端を明らかにできるだろう。こうした流れを踏まえ，本書ではメタファーを始めとした修辞表現について，実際の言語使用でどのような環境に置かれているかという観点から分析したいと考えている。どのような環境を考慮するかについては，2.3 で詳述する。

2.2　認知言語学の諸概念

　前節では，ある表現がメタファーだと理解される時の条件として重要視されている，選択制限の違反や意味の衝突について紹介した。また，選択制限の違反はメタファー的解釈のみならず，メトニミー的解釈によっても回避で

3）Stern は，前提を言語外の文脈に含めている（"... its extra-linguistic context of utterance, in particular, the presuppositions and beliefs ..."（Stern 1983, 594））が，その一方でそれまでの発言や一般的な会話のトピックも前提の要素に含めている（"... the relevant presuppositions: the participants' identities, previous remarks, behavior, and the general topic of conversation ..."（*ibid.*））。しかし，少なくともそれまでの発言や談話トピックの一部は，1 つの会話やテキスト内部の要素から構成されると考えられるため，これらを一括りに「言語外の要素」と規定してしまうことは，どこに修辞表現の解釈に影響を与える要素があるかということを曖昧にしてしまうだろう。

きることを示した。本書では，選択制限の違反や意味の衝突といった現象を，より一般的な言語現象を捉える枠組みの中に位置づけるため，認知言語学の諸概念を利用する。取り上げる概念としては認知文法の概念が多く含まれるが，その理由としては選択制限の違反や意味の衝突といった現象が概念的意味に関わるものであり，複数の語彙項目が統合されていく過程で生じるものであるため，統語と意味をそれぞれ独立したモジュールとして扱う理論ではなく，意味と文法が密接に関わることを前提にした理論が必要になるということが挙げられる。本節では Langacker（2008）の記述を基礎にして，認知文法の概念のうち百科事典的意味論，ドメイン，精緻化，対応関係，アクティヴゾーンについて取り上げる。また，本書ではメタファーを多く取り扱うが，メタファーの理解に関する理論として概念メタファー理論もここで紹介する。

2.2.1 百科事典的意味論

本書で取り上げる修辞表現は，主に概念的意味の変則性，逸脱性に強く関わりを持つものであるため，ここでは本書がどのような意味観に立脚するかを明らかにする。本書では認知文法を理論的枠組みの1つとしており，その認知文法では辞書的意味論ではなく百科事典的意味論が採用されている。以下では，この2つの違いについて簡単に紹介する。

Langacker（2008, 38-39）では "bull" の意味の記述を例に，両者の違いを説明している。まず，辞書的意味論に基づくと，"bull" の基本的な意味は，意味素性を用いて［MALE］，［ADULT］，［BOVINE］と規定される。この方法では，語彙の意味はモノのタイプが示す一般的な知識とは明確に区別され，少数の意味素性と記述的表現で構成されるため，"bull" に関する知識の一部である闘牛やロデオのことは除外される。

これに対し，百科事典的意味論に基づく場合，「純粋に言語的な意味」とそうでないものに明確な境界線を引く事は難しく，"bull" の意味を［MALE ADULT BOVINE］と記述するのは不適切だとされる。百科事典的意味論では，語彙の意味はあるモノのタイプに関する開かれた知識の総体へとアクセスする特定の方法にあると考えられている。また，アクセスされる知識の構

成要素には中心性の程度に差があり，語彙項目の意味の一面を反映している。加えて，語彙項目の意味は完全に自由でも完全に固定されているわけでもない。これは言語表現が特定の知識のまとまりを喚起し，その知識にアクセスする方法を規定するため完全に自由とはいえず，知識の構成要素の中心性には程度差があり，文脈によって中心性が変化するため完全に固定されているとも言えないためである。本書で採用するのは，後者の百科事典的意味論である。

2.2.2 概念構造に関わる心的モデル

我々の知識を構成する概念は，バラバラではなくまとまりを持つとされる。そのような知識の構造は，メタファーやメトニミーの理解にも深く関わっている。例えば（Croft 1993）はメタファーとメトニミーの差異について，解釈において別のドメインへの写像を伴う *domain mapping* と，複数想起されるドメインのうちの 1 つがハイライトされる *domain highlighting* として区別している。以下では，そのような概念構造に関わる心的モデルとして，上記のドメインに加え，フレームおよびスクリプトについて簡単に紹介する。

まず，認知文法では言語が表す意味を概念内容とその概念内容に基づく知識だと規定している（cf. Langacker（2008, 56-65））。これは 2.2.1 で紹介した百科事典的意味論の反映である。概念内容を参照するための方法としては，ドメイン（domain）という概念が規定されている。ある言語表現は，解釈される概念内容としてひとまとまりの認知ドメインを喚起し，これは（概念）マトリックス（matrix）と呼ばれる。認知文法では，ドメインはあらゆる種類の概念や経験領域を指す用語として広く解釈されている。例えば，"the glass with water in it" の概念内容に関して重要なドメインとしては，空間のドメイン，濡れるという感覚のドメイン，WATER, LIQUID という特定の概念のドメイン，容器の概念と中身の概念，液体で容器を満たすというより精緻化された概念などがあるとされている。このように，多くの概念マトリックスは複雑であり，どれだけの数のどのようなドメインを認識しているかは目的により様々だが，ドメインという概念によって捉えるべき重要なことは，

ある言語表現が喚起する概念内容が多様かつ多面的であることである。

　一方，フレームとは人工知能や心理学の分野で用いられている概念で，Minsky（1974）は「典型的な状況を記述するためのデータ構造（"A frame is a data-structure for representing a stereotyped situation ..."）と述べている。認知言語学の分野では，Fillmore のフレーム意味論（e.g. Fillmore（1976, 1982））がこの概念を言語表現の意味を表すために取り入れ，フレーム意味論を展開している。例えば，Fillmore（1976）によれば "I spent two hours on land this afternoon" と "I spent two hours on the ground this afternoon" における "land" と "ground" の違いについて，"land" の理解には航海というフレームを必要とし，"ground" の理解には空路による旅行のフレームを必要とすると説明している。

　スクリプトについても，フレームと同じく解釈のもととなる知識の集合を指すが，より時系列的な側面に焦点を当てている用語だと言える。Schank and Abelson（1977）はレストランに関するスクリプトを挙げ，レストランに入る場面，注文の場面，食べる場面，店を出る場面という4つの状況が想定されるとしている。そして，それぞれの場面についてテーブル，ウェイター，客の空腹などが前提とされることにより，我々が様々な非明示的情報を利用可能になるとしている。

　なお，認知言語学においては Langacker の用いるドメイン，フレームに類似した概念として，Fillmore（1982）のフレームや，Lakoff（1987）の ICM（理想化認知モデル）がある。Langacker はこれらをほぼ同義としてみなしているが，フレームや ICM は時間などの基本ドメイン[4]に当てはまらないことから「ドメイン」を最も一般的な概念，フレームをより上位の複合的な「非基本ドメイン」と同義とし，ICM はフレームからさらに進行中の談話や発話事態の物理的状況を除いた，最も狭義の概念だとしている（Langacker 2008, 46-47）。

　以上のことを踏まえて本書では，ドメインとフレーム，スクリプトという概念について，ドメインは様々な種類の概念や経験領域を指すが，フレーム

4）ドメインのうち，より基本的な他のドメインに還元できないもの。

よりも基礎的な概念や経験領域を指す用語，フレームはドメインよりも高次
の概念で，スクリプトよりも一般的な概念と捉えて典型的な状況に関する構
造化された知識を指す用語，スクリプトはフレームの持つ時系列的な側面を
強調した用語として扱うことにする。また，本書では，基本的にフレームと
いう用語を数文以上の単位に共通するドメインで，談話の進行に関係するド
メインマトリックスとして用いる。これは談話が通常複数の文に渡って関連
性のあることについて述べるように圧力が働くという関連性の公理（Grice
1975）に従うことを考慮し，数文に渡って同じ概念的なまとまりについて述
べるだろうという想定をしているためである。同じ概念的なまとまりに基づ
いて産出された複数の文は Fillmore（1982）の言う意味でのフレームに関し
ても共通することが多いと想定できるため，フレームという概念を数文の談
話レベルまで拡張することとした。

2.2.3 依存構造・精緻化と対応関係

　本書の研究対象である修辞表現は，言語として具現化される。具現化され
た修辞表現はほとんどの場合複数の語彙項目が統合されてできており，統合
の過程では語彙項目同士の文法関係が問題になる。本項では，その文法関係
を記述するための理論について取り上げる。メタファーやメトニミーを始め
とした本書で取り扱う修辞表現は意味的な逸脱を伴うものなので，依拠する
文法理論も句構造の分析を主眼とした生成文法ではなく，意味的な依存関係
の分析を主眼とした理論の方が適切である。以下，依存関係[5]に焦点を当て
た理論である構造統語論と認知文法について概観した後，認知文法における
精緻化の詳細について述べる。なお，個々の語彙項目の統合の他に，構文的
意味が修辞表現の理解に影響を与える可能性もあるが，本書では修辞表現の
理解に関する文レベル以下の要因に関して選択制限の違反や意味の衝突を基
盤として説明を試みるため，個々の語彙項目の喚起する意味に焦点を絞り議
論を進める。

　Langacker（1994）によれば，Tesnière（1959）の提唱する構造統語論（struc-

5）なお，詳しいことは後述するが，この「依存」という用語には広い意味と認知文法に特
有の意味があるため注意が必要である。

tural syntax）と認知文法（cf. Langacker（1987, 1991, 2008）という 2 つの枠組み
には，細かい違いはある[6]ものの親和性を持つ。例えば，特に意味と文法の
関係について言えば，生成文法では文法構造が意味に対して自律的であり別
個のものだとされるが，Langacker は構造統語論も認知文法も意味を文法の
究極的な基礎としていると述べている。また，この 2 つは文法構造（gram-
matical construction）についての考え方についても多くを共有しており，特に
本書では，認知文法の主要部（head）と構造統語論の *régissant*（従属部）の関
係，認知文法の対応関係や精緻化サイトが Tesnière（1959, 42）の言う "le
sens du subordonné porte sur celui du régissant"（すなわち，従属部の意味がその主
要部の意味に影響を及ぼすということ）に関係しているということが重要にな
る。

　この 2 つの文法理論の細かい違いの 1 つは，統合された後のユニットの表
現方法である（Langacker 1994, 74）。例えば，"Alfred hit Bernard" という文を
図に表す場合，両者には次のような違いが生じる。

　(6)

　まず，構造統語論の記法では，"hit" は "Alfred" と "Bernard" という従属

6）Langacker 自身は述べていないが，構造統語論と認知文法の重要な違いとして，認知文
法では自律/依存（Autonomous/Dependent, A/D）の関係と主要部/補部または修飾部（head
/complement, modifier）の区別が存在している。本書では主に認知文法的な自律/依存の関係
を基に議論を進めないが，「依存関係」という用語の混乱を避けるため，両者の違いについ
てここで説明する。構造統語論における主要部と従属部の関係（＝依存関係）は，Langack-
er が言うように認知文法で言う主要部と補部または修飾部の関係を捉えており，合成構造
のプロファイル決定子であるか否かで決定される。一方，認知文法的な自律/依存の関係は
精緻化サイトの有無によって決まる（cf.Langacker（2008, 199））ため，句構造文法に対す
る依存文法で「依存関係」といった場合と異なる意味になってしまう。少々混乱を招くが，
本書では簡便さのため一般的に精緻化の関係と構造統語論の「主要部/従属部」の関係を表
すのに「依存関係」という用語を用い，認知文法の概念について特に区別しなければなら
ない場合は「自律/依存」「主要部/補部または修飾部」という用語を用いる。

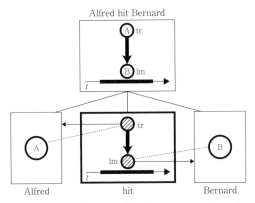

図 1　認知文法による記法（Langacker 1994, 74）

部を伴っていることを示している。しかし，Tesniére は複数の要素がまとまって働くことを認識していながらも，この "hit" が従属部と合成された要素であることはこの図には現れていないと Langacker は指摘している。

　これに対し，認知文法の記法は図 1 のようになる。図 1 下段には部分構造となる語彙項目が示されており，太い四角形で表される "hit" が上段に示される合成構造 "Alfred hit Bernard" の主要部になることを示している。また，動詞類の四角形の中には tr（トラジェクター），lm（ランドマーク）という記号が示されているが，これらは概念的意味における際立ちの順序を表している。例えば "hit" の場合は「叩く」の動作主が "hit" の表す概念的意味に含まれる参与者の中で一番際立ちが高いことを示す。ランドマークは 2 番目に際立ちの高い被動者となり，太矢印で表される動作の受け手となる。また，"Alfred" と "Bernard" を表す円と tr, lm が点線でそれぞれ結ばれているが，これは対応関係を表しており，結ばれた要素が同一であることを表す。一方，tr, lm から "Alfred" と "Bernard" の四角形へとそれぞれ伸びる矢印は，斜線のついた円（精緻化サイト）が矢印の先にある要素によって精緻化されることを表す。精緻化の結果は，合成構造となる上段で tr の円が "Alfred"，lm の円が "Bernard" を表す円となっていることで表されている。

　認知文法による記法で特に構造統語論と異なるのは，語の音韻極についての記述に加え，意味極についての記述が存在することと，合成構造が存在す

ることである。まず，意味極の記述については先に述べた「従属部の意味が
その主要部の意味に影響を及ぼす」ことが詳細に表現されていることと関係
する。まず，図中の点線は対応関係を表し，図中の要素のうちどの要素とど
の要素が対応関係にあるかを表現している。また，"hit" の意味極から
"Alfred" や "Bernard" に伸びる矢印はカテゴリー化の関係を表し，斜線が引
かれた要素（精緻化サイト）が矢印の先にある要素によって精緻化の関係に
よってカテゴリー化されていることを表現している。これらの記号が合成さ
れた結果が上段の "Alfred hit Bernard" であり，その意味極ではトラジェク
ターである Alfred が Bernard を叩くという行為が表現されている。この合成
構造が構造統語論の記法で表現されていなかった部分であり，イディオムの
記述に影響を与える。また，認知文法の精緻化と対応関係という概念は，ど
の要素とどの要素が衝突しているかについて詳細に記述できるという点で，
2.1.2 で述べた意味の衝突と重要な関わりを持つ。このように，認知文法が
構造統語論よりも精緻な記述を可能にする要因としては，語の持つ意味の概
念的特徴を表現していることと，記号の統合過程の中で部分構造と合成構造
の両方を記述していること，の 2 点が挙げられる。

　以上のことを踏まえ，本書では選択制限の違反を考える上で語彙項目同士
の依存関係を分析する際に，簡潔な記述の場合には構造統語論の記法，より
詳細な記述が求められる場合には認知文法の記法に従うこととする。特に，
これらの理論を用いた具体的なメタファーの分析については，4.1 で，メト
ニミーの分析については 5.1 で行う。

2.2.4 概念メタファー理論

　概念メタファーとは Lakoff and Johnson（1980）の提唱した理論であり，話
者が心的に持つある概念体系（ソースドメイン, source domain）から別の概念体
系（ターゲットドメイン, target domain）への体系的なマッピングのことである
とされる。これは言語表現として現れる伝統的な意味でのメタファーではな
く，むしろ話者が持つ認知能力の 1 つと言える。概念メタファー理論では，
次の（7）のような言語のパターンは，伝統的な意味でのメタファーそのも
のではなく，ARGUMENT IS WAR という概念メタファーの言語的実現であるさ

れる。

　(7) a. Your claims are *indefensible*

　　 b. He *attacked every weak point* in my argument

　　 c. His criticisms were *right on target*

　　　　　　　　　　　　（Lakoff and Johnson 1980, 4, イタリックは原文）

　これらの文でイタリックになっている箇所は，元々「戦争」に関連した語彙であるが，主張を擁護できない，相手の主張の弱点を突くなどといった，議論に関わる事柄を表すために用いられている。このように，ある概念体系に関わる語彙項目はある程度の一貫性をもって，別の概念体系の事柄を表すために用いられる。したがって，言語表現のレベルよりも，より抽象的な概念のレベルで体系的なマッピングがあるというのが概念メタファー理論の特徴である。

　本書では，伝統的意味でのメタファー，つまり概念メタファー理論で言うメタファー表現と，概念メタファーの区別を前提とするが，「メタファー」という語そのものは認知能力の意味に限らず，伝統的な意味でも使用する。これは，本書で主に研究対象とするのはメタファー表現であり，常に認知能力，概念メタファー，メタファー表現といった細かい区別をするのは煩雑なためである。特に区別する必要がある場合には，マッピング能力，概念メタファー，メタファー表現と言う用語を使い区別する。また，本書で着目するのは，概念メタファーがどのようにマッピングされるかという認知能力というよりも，概念メタファーがどのように実現されるかである。概念メタファーを概念レベルの抽象的な存在と仮定するならば，概念メタファーはいくつかのメタファー表現という形で具現化されなければならない。これまでの概念メタファー研究では，(7)のような複数の独立した文を中心として研究されてきたが，2.3 で述べる通り，実世界で産出されたテクストにおいて，どのような形で概念メタファーが具現化されるかということを興味の中心とする。

2.3 談話・テクスト研究と修辞表現

　本節では，本書が主に書き言葉に含まれる修辞表現を研究対象とする理由
について述べる。文単位の研究で修辞表現を研究することの限界について
は，2.1 で述べた通りである。加えて，談話・テクスト的特徴は Littlemore
（2015, 145-46）がメトニミーのターゲット特定に関わる研究のフロンティア
としてジャンル・レジスターとの関連を挙げるなど，注目を集めている。本
書は文単位の研究に限界があることを認め，文単位の観察で説明できること
と，前後の文脈を加えることで説明できることを区別し，それぞれの観点か
ら研究を行う。このように，修辞表現について文を超えた単位で研究するこ
とについては意義がある。一般的に，文より大きい単位を研究対象とする場
合，対象は話し言葉と書き言葉に大きく二分できる。話し言葉と書き言葉
は，共通するシステムを持ちながらも，それぞれ独立した異なる性質を持つ
ものと考えられる。話し言葉は視覚的情報や非言語的音声情報の影響に代表
されるマルチモーダル性を有するため，言語表現の解釈においてもそれらの
情報を考慮することが不可欠である。一方，書き言葉は挿絵や図表が含まれ
る場合もあるが，基本的に情報源が文字情報だけであるという点で，言語表
現の理解に活用される文脈は言語情報の占める割合が大きくなる。

　本書では，言語的な文脈によってどの程度修辞表現の理解に関わるメカニ
ズムが説明できるかということを追究するため，文字以外の文脈的要素が理
解に影響を与えることが少ない書き言葉を研究対象とする。

2.3.1 修辞表現の研究方法：言語能力と言語運用

　本節では，修辞表現を研究する上での立場のうち，本書に強く関係するも
のとして，伝統的な修辞学の立場，修辞表現の認知メカニズムを追究する立
場，実世界での修辞表現の使用を追究する立場[7]の 3 つを紹介した後，本書
が主に 3 つ目の立場に立脚し，残りの 2 つの立場からの研究成果をどのよう
に取り入れるかについて述べる。なお，「修辞表現の認知メカニズムを追究
する立場」と「実世界での修辞表現の使用を追究する立場」は，Deignan,

Littlemore, and Semino（2013, 1. 2）による分類である。

　まず，ここで「伝統的な修辞学」と述べたのは，佐藤（1992a，序章 1，序章 2）の言う「古典レトリック」のうち，修辞の分野を対象とした研究のことである。佐藤はフィギュール（本書で言う修辞表現・修辞技法に相当する）を「常識的な平常表現からいくらかへだたった，目立つ，独特なことばの型」と定義している。この分野の研究は主に修辞技法の分類や説明を目指していると考えられ，研究成果としては辞典の形でまとめられたり（e.g. 野内（1998），Baldick（2008）），各修辞技法について用例を多く挙げながら解説を加えたもの（佐藤 1992a, 1992b）がある。伝統的な修辞学の立場では先に述べたように，「常識的な平常表現からいくらかへだたった，目立つ，独特なことばの型」を研究対象とするため，後に紹介する立場の研究とは異なり，メタファーに偏らず列叙，緩叙，黙説，対比，音反復，論証に関する修辞技法など，研究対象が多岐にわたっている。

　これに対し，「修辞表現の認知メカニズムを追究する立場」は，メタファーの解釈と産出に関係する心的構造とプロセスを研究対象としている。代表的な研究としては Glucksberg and Keysar（1990）の心理学的研究や関連性理論（Sperber and Wilson 1995）等が挙げられるが，とりわけ本書に強く関係するのは，2. 2. 4 でも紹介した概念メタファー理論（Lakoff and Johnson 1980）である。理論の詳細自体は先に説明した通りだが，メタファーやメトニミーの言語表現そのものは，概念メタファー理論の興味の中心ではなく，概念レベルでのマッピングの証拠として用いられている。引用される例は作例が多く，文脈から切り離された文や短い文章である。

　最後に，「実世界での修辞表現の使用を追究する立場」は，言語メタファーの使用について，妥当な説明モデルの記述を目指している。この分野の研究では，実際のコミュニケーションの状況下でどのように修辞表現が用

---

7) なお，「修辞表現」という用語を用いているが，伝統的な修辞学以外の立場ではメタファーが主な研究対象とされており，メトニミーやシネクドキ，アイロニーが取り挙げられることもあるが，その他は殆ど研究対象とされていない。本書では，研究対象としては等閑視されてきた異義反復やオクシモロンなどの周辺的な修辞技法にも光を当て，それらの研究を現代の言語学的視点から分析することで，言語学に対しても新たな知見を提供できることを示す。

いられるかが追究される。「修辞表現の認知メカニズムを追究する立場」とは逆に，「実世界での修辞表現の使用を追究する立場」では概念メタファー理論のようなモデルは主要な研究対象というよりは記述の道具として利用される。また，研究対象は文脈の中に埋め込まれているため，本質的に複雑性や不確定性が伴う。Deignan らが述べているわけではないが，この二者の違いは修辞表現に関わる言語能力に対する興味と言語運用に対する興味という見方もできるだろう。なお，この立場からの研究の具体例を 2.3.4 で紹介する。

　これら 3 つの立場を考慮し，本書では伝統的修辞学と修辞表現の認知メカニズムを追究する立場による成果を踏まえつつ，書き言葉を中心に実世界での修辞表現の使用を追究する立場を取る。伝統的な修辞学では広範な修辞表現が整理されているため，他の 2 つの立場で研究対象の中心となるメタファー，メトニミーといった主要な修辞技法だけではなく，より音韻や論理などが関わるマイナーな技法についての記述が豊富である。伝統的な修辞学ではこれらの分類に終始していたが，本書では主要な修辞表現であるメタファー，メトニミーを研究対象の中心に据えながらも，マイナーな技法であるオクシモロン，隠喩クラスター，異義兼用，異義反復も言語学的な観点から分析する。一方，修辞表現の認知メカニズムを追究する立場では概念メタファー理論やメトニミー理解の基盤となる隣接性に関わる研究が蓄積されており，いわば修辞表現の認知に関わる能力（competence）[8]的側面についての知見を提供している。本書ではそれらの能力がどのように運用（performance）に反映されるかということを興味の対象とし，実際のテクストにおける修辞表現の使用や理解を分析する。加えて，本書では書き言葉を対象とすることから，以上の 2 つの立場の成果に加えて談話・テクスト研究の道具を利用して実際の書き言葉における修辞表現の使用，及び理解のメカニズムを追究する。

8）通常，理論言語学の文脈で competence と言えば「言語能力」という訳語を用いるが，ここでは修辞表現の理解に関わる能力を指すことを考慮し，単に「能力」と呼ぶ。後の performance についても同様に「運用」とする。

2.3.2 プロダクトとしてのテクスト vs. プロセスとしてのテクスト

本書で研究対象にする修辞表現は言語によって具現化されるが，言語をどのように見るかということについても様々な立場がある。前節の内容とも若干関連するが，言語の見方について Brown and Yule（1983, 1.3.3）は sentence-as-object（客体としての文），text-as-product（産出物としてのテクスト），discourse-as-process（過程としての談話）という区別をしている。本節では，この 3 つの見方を概観した後，修辞表現が文脈の中でどのように理解されるかを研究する上で，この 3 つの見方がどのように関連するかを説明する。

まず，sentence-as-object の見方は言語研究の対象を「ある言語の適格な文」とし，個々の話者からは独立して文が存在するという見方をする。次に，text-as-object はいわゆるテクスト言語学の見方であり，ここでは研究対象が文からテクストに広がり，産出者と受信者の存在も認めるが，分析はページの上の語，つまり産出物に集中している。この見方に含まれるアプローチで Brown and Yule が批判する対象には，本書でも使用する結束性（cohesion, cf. Halliday and Hasan（1976））の分析が含まれている[9]。これは「テクストに結束性があるため，読み手はテクストを容易に理解できるようになる」という主張に対する批判であり，読み手側が結束性をテクストに見出すか否かという観点が抜けていることを指摘したものである。3 つ目の見方である discourse-as-process の見方では，産出者と受信者がコミュニケーションを行い，受信者が産出者の意図したメッセージを，特定の状況下でどのように理解するかについて関心を持つ。この立場から先に述べた Halliday らの主張する結束性についての批判は，ある代名詞と完全な名詞句につながりが見えるのは，代名詞が後方に向けて名詞を指示するからではなく，テクストが一貫性（coherence）を持つと我々が想定しているからであるという理由に基づく。

本書では，これら 3 つの立場はどれか 1 つが正しいという訳ではなく，言語についてのどの側面を説明したいかによって立場の違いが生じると考え，

9）なお，現在の Halliday らの研究（Halliday and Hasan 1985; Halliday and Matthiessen 2014）は文脈の内容にフィールド，テナー，モードといった要素を挙げており，text-as-product という見方は当たらない。

扱いたい側面に応じて異なる立場が認められると考える。本書で主に研究対象とする書き言葉は，話し手と聞き手が同じ場所でインタラクションを行うわけではないが，聞き手がどのように修辞表現を含むテクストを理解するかということを中心に取り扱うので，その意味では discourse-as-process という見方ができる。しかし，これは最終的に明らかにしたいことであり，そこに至るまでには sentence-as-object や text-as-product という見方をする場合も認められるだろう。

　3つの立場と本書で取り扱う修辞表現の関係を具体的に述べると，まず修辞表現は sentence-as-object の立場からの研究が中心であり，これらは当然のことながら修辞表現を含む文の理解についての知見を提供しようとする立場である。先行研究としては選択制限の違反に基づく比喩の説明や，概念メタファー理論による研究が相当する。本書では，文以下の単位で見られる修辞表現の理解に関わる要因についてはこれらの研究に依拠し，それらと文を超えたレベルに存在する別の要因がどのように相互作用するかについての説明を目指す。また，テクストを産出物と仮定した場合には，テクスト中で語がどのように分布するかが初めから明らかだということになる。この場合，ある語が転義的に用いられているか否かということも所与のものとして考えることができる。この立場からは，あるテクスト中にどの程度の割合で修辞表現が含まれるかといったことや，複数のテクストの中で，一般的にある語がどの程度の割合でメタファー的に用いられるか，ということを明らかにできる。最後に，テクストを過程として見た場合，ある語が転義的に用いられているか否かは情報の受け手が判断することになり，その箇所を読んだ時点での知識状態や，それまでの談話の流れといったことを考慮することになる。また，本書の考察対象からは外れるが，政治的な著作物では話者が想定する書き手の社会的立場なども比喩をどのように解釈するかに関係すると考えられる。

　また，佐藤・佐々木・松尾（2006）も述べている通り，修辞学において修辞表現は文法からの逸脱のパターンとして捉えられてきた。この「文法からの逸脱」の程度については，次のように考えられる。メタファーを例として考えると，認知言語学の分野で研究対象となるようなメタファーは，日常の

言語使用で広く見られ，使用される度にコミュニケーションが滞るような性質のものではない。また，文学作品に見られるようなメタファーでも，一部の難解なものを除き読者はメタファー表現を理解し，その効果を楽しむことができる。したがって，これらは言語学で非文とされ，コミュニケーションに支障を来すような性質のものではないが，その意味を細かく観察するとプロトタイプ的な意味とは異なった意味になっており，完全に規範的なものとは言いがたい。古典的な修辞学で収集・分類された修辞技法は，上述したような「完全に規範的ではないが，規範から少し逸脱することで面白みを持たせる効果のある表現」と捉えられる。このような規範からの逸脱は，読み手が理解する上で困難をもたらすと思われるが，当該の文そのものに含まれる情報や文脈に含まれる情報によって理解が容易になると考えられる。

　本書では，特にテクスト内で言語的に構築された情報が，どのように読み手の修辞表現の理解に影響を及ぼすかを検討したい。

2.3.3　結束性・一貫性・談話トピック

　前節で述べた通り，本書ではテクストが一貫したものだという前提を認める。これは書き手の立場から見れば，読み手にわかるように出来るだけ一貫したテクストを作ろうとする努力の反映であり，読み手の立場から見れば，テクストが出来るだけ一貫した意味を持つような解釈を試みるということである。本項では，テクストのまとまりに関わる結束性・一貫性・談話トピックという 3 つの概念について概観する。

　まず，Halliday and Hasan（1976）は，結束性（cohesion）について次のように述べている。

　　結束性が生じるのは，談話のある要素の解釈（INTERPRETATION）が別の要素の解釈に依存する場合である。一方を効果的に解読するためには他方に頼らなければならないという意味で，一方は他方を前提（PRESUP-POSE）とする。こういうことか生じるとき，結束関係が成立する。その結果，前提語と被前提語という 2 つの要素が，少なくとも潜在的には，統合されて 1 つのテクストになるのである。

　結束性を生み出す具体的要因として，Halliday and Matthiessen（2014, 603）は接続（conjunction），指示（reference），省略（ellipsis），語彙的結束性（lexical cohesion）を挙げており，このうち本書では主に指示，省略，語彙的結束性を中心的に取り上げる。その中でも特に語彙的結束性は本書で重要な地位を占めるため，簡単に指示と省略がどのように結束性に関わるかを概観した後，語彙的結束性について説明する。

　指示と省略について Halliday and Matthiessen（*ibid.*, Ch.9）の説明を簡単にまとめると次のようになる。まず，指示は要素同士のつながりを作ることによって結束性を生み出す。このつながりとは，物や事実，現象同士の間にある関係で，それらのつながりの距離はテクスト中において様々である。また，何度もテクスト中で照応が起こる場合，指示連鎖（referential chain）を構成する。注意すべき点として，Halliday らは同一指示だけでなく比較指示（comparative reference）も結束性を生み出す要因に含めており，"same", "similar", "other", "more" なども結束性を生み出す指示を達成するための項目として挙げている。一方，省略はテクストの中で連続性のある情報に用いられ，すでに言われたことで前提になっていることを言わずに済ませることができる。例えば，"Oh, the pan's been washed, has it? ── It hasn't [ϕ: been washed], has it?"（*ibid.*, 606）のような場合である。また，Halliday らは "one," "so", "do" などを用いた代置も省略のカテゴリーに含めている。

　語彙的結束性は，範列的（paradigmatic）な関係や連辞的（syntagmatic）な関係にある語によって形成される。このうち，本論で取り扱う範列的な関係は，同じ語が繰り返される場合，またはある語の類義語─反義語，上位語─下位語，部分─全体関係にある語が現れた場合に生じる。例えば，あるテクストに "bear" という語が 2 度以上登場した場合，あるいは "fish" という語が出てきた後に "salmon" という語が出てきた場合，前者は同じ語の繰り返し，後者は英語の語彙体系の中で上位語─下位語という関係にあるため結束性が生じる。これらの語は同一指示の関係にあっても，また必ずしも同一の指示対象を指していなくても，結束性が生じる。

　また，一貫性（coherence）[10]は端的に言えば「文章のまとまり具合」のこと
である。特にここでは，文と文がお互いにどのような関係にあるかというこ
とである。Kehler（2002, 2-3）を基に，一貫性についての説明をまとめると
以下のようになる。

　（8）John took a train from Paris to Istanbul. He has family there.

（*ibid.*, 2）

　（9）?John took a train from Paris to Istanbul. He likes spinach.

（Hobbs 1979, 容認度判断は Kehler による。）

　（8）ではイスタンブールに住む家族の所へ訪問することが鉄道に乗った理
由であると読み手は推測すると考えられる。この推測は明示的なものではな
いが，談話が一貫性を持つことを前提としていれば自然である。しかし，
（8）と同様（9）の文はそれぞれ適格であるにもかかわらず，それぞれの文
の間の関係が分からないため奇妙だと感じられる。このような差異のため，
（8）は（9）よりも一貫している。なお，一貫性について van Dijk（1980）は
local coherence（局所的一貫性）と global coherence（大域的一貫性）を区別して
いるが，本書で問題にしているのは数文レベルの local coherence である。ま
た，一貫性の内実である文と文の関係の種類については，様々な提案がなさ
れており（de Beaugrande and Dressler 1981; Kehler 2002; Mann and Thompson 1988），
どのような場合に一貫性があるかについての研究も多く存在する（Givón
1995; Halliday and Hasan 1976; Kehler 2002）が，ここでは単に（8）と（9）のよう
な理由のほか，一方がもう一方を具体化したり，複数の文の間に時間的な前
後関係が見られるなど，数個の文の間につながりがあり無関係だとは感じら
れないと捉えられれば「一貫性がある」とする。
　最後に，談話トピックとは概ね「現在何について話している／書いている
か」ということに相当する。Keenan and Schieffelin（1976）は次のように言
う。

10）2. 3. 4 では Kövecses のいう *pressure of coherence* における一貫性について紹介するが，
両者を区別する必要がある場合には，ここで言う一貫性を「局所的な一貫性」と呼ぶこと
にする。

> We take the term discourse topic to refer to the PROPOSITION (or set of propositions) about which the speaker is either providing or requesting new information.
>
> (*ibid.*, 380)

　Keenan らの定義は話し言葉の中で話し手を中心としたものだが，書き言葉でも書き手が提供したい情報と捉えたり，手紙などのやりとりを含むものであれば，相手があらかじめ要求した情報が談話トピックになるだろう。ただし，Brown and Yule（1983, 73）が指摘するように，談話トピックは 1 つに決められる性質のものではなく，トピックを与える人の立場等，様々な背景によって異なってくる。当然ながら分析者によっても異なるため，本書で談話トピックに関連した分析を行う際は，そのテクストから想定可能な談話トピックを少なくとも 1 つ提示し，そのトピックのもとで問題にする表現をどのように解釈できるかを考えることにする。

2.3.4 テクストの一貫性に対する期待

　本節ではこれまで談話・テクスト研究に関わる様々な概念を紹介し，それに対する本書の立場について述べたが，ここでは談話・テクスト言語学の立場からのメタファー研究を紹介する。

　まず，話し手や書き手の立場からメタファーの関連するテクストの構築については，Semino（2008, 1.2.4）が談話におけるメタファーのパターンを挙げており，互いに排他的な分類ではないが，少なくとも 8 つのパターンが見られるとしている。その中で特に本書の主張と関連するものとして，Semino（*ibid.*, 27）の言う *literal-metaphorical opposition*（字義—隠喩の対立）について紹介する。

　字義的意味とメタファー的意味は対立するが，それら両方が同時に呼び起こされることもある。この場合，ユーモラスな効果を伴うことが多い。例えば，西サハラについての南アフリカとモロッコの対立に関する新聞記事があり，そのヘッドラインに "Diplomatic desert" という表現がある場合，"desert" は外交関係が結べなかったことを示す。しかし，係争中の土地がサハラ砂漠

の一部であるため,「砂漠」という字義通りの意味も当てはまる。このよう
なパターンについて, Semino は *topic-triggered metaphor*（トピックに引き起こ
された隠喩）という概念を用いて説明する。*Topic-triggered* という概念は自体
は Koller（2004）の用いた用語だが, Koller 自身はこの用語を明確に定義し
ていない。ここでは Semino（2008, 230）による定義 "A metaphor where the
source domain is closely related to the topic of the text" を採用し, 以降では *topic-
triggered metaphor* という用語をこの意味で用いる。本項の冒頭でも述べた
が, Koller や Semino はこれらのメタファーのソースドメインの選択が, ト
ピックによって引き起こされたという見方をしている。

　また, これに関連して Kövecses はメタファーのソースドメインについて
pressure of coherence（一貫性の圧力）という概念を提唱し, 次のように説明す
る。

> Metaphorical source domains for particular targets may arise from what I call the
> *pressure of coherence* means that speakers try（and tend）to be coherent with
> various aspects of the communicative situation in the process of creating
> metaphorical ideas. communicative situation has to be understood as minimally
> comprising the audience, the medium, the topic, and the setting.

（Kövecses 2005, 237, イタリックは原文）

　Topic-triggered metaphor と同様, *pressure of coherence* も話し手に関する説
明である。メタファーを創りだす上で, 話し手は少なくとも聞き手, 媒体,
トピック, セッティングを考慮し一貫性を持とうと試みる。本書では, 読み
手の側から書き言葉に含まれる修辞表現がどのように理解されるかを研究対
象の中心に据えているため, メタファーを始めとした修辞表現の理解には,
expectation of coherence（一貫性への期待）とでも呼ぶべき期待があると想定す
る。次章で詳しく分析するが, 読み手はあるテクストを理解しようとすると
き, そのテクストが 2.3.2 で述べたような一貫性を持っていると期待して修
辞表現を理解するということである。より具体的には, その表現を字義通り
に解釈した場合と修辞的に解釈した場合に, 2.3.3 において（8）,（9）で見
たような一貫性に差が生じる場合に, 一貫性の高い方の解釈を取るだろうと

想定する。

　以上，本章では本書に関連する認知言語学，修辞学，談話・テクスト分析の理論を概観した。次章では，これらを基にして本書で想定する修辞表現の理解に影響を与える要因について述べる。

第 3 章

修辞表現の理解に影響を与える要因

すでに述べたように，修辞表現の理解には様々な要因が関わっている。換言すれば，ある修辞表現が修辞表現であるとわかるためには，例えば選択制限の違反のみ，といったように，単一の要因だけを考慮すればよいという訳ではない。本章では，第 2 章で紹介した様々な要因を踏まえ，修辞表現の理解についてのモデルと，それに含まれる要因の詳細について述べる。本章で提示した要因については，第 4 章および第 5 章でメタファー，メトニミーをはじめとした修辞技法を中心に，具体例の分析に基づいた検討を行う。

3.1 複数要因モデル

本書では，修辞表現の理解には複数の要因が関わると仮定すると述べた。ある 1 つのことについて複数の規則を定める場合，それらの規則がどのように適用されるかを考慮しなければならない。Langacker（1991）では，Chomsky（1965）の提唱した古典的な変形文法に見られる，直列的に様々なルールを適用していくモデルと，認知文法で採用されている多重制約の同時充足という並列的なモデルが比較されている。本節では修辞表現の理解モデルについて，上記のようなルールの適用方法という観点から見直し，複数の要因が同時並行的にある語彙項目の解釈に影響を与え，字義的な解釈や修辞的な解釈がなされるということを提案する。また，複数の要因がある表現の解釈について，それぞれが少しずつ影響を与えるというモデルを仮定した場合，単

一の条件の妥当性を検証する際に使用される，ミニマル・ペアによる例証は
難しい。それに加え，本書ではテクストを主要な研究対象の一部にしている
ため，自然な作例をすることも難しい。このような条件の中で，本書で立て
るモデルの妥当性を検証する道具としては，量的なアプローチ[1]が重要であ
ることについて述べる。

3.1.1 規則から要因へ

2.1 で述べたように，ある表現がメタファーであるための条件としては，
選択制限の違反が重視されてきた。しかし，選択制限の違反のみによる説明
に限界があり，語用論的な条件も考慮する必要があるという Stern の指摘も
同時に紹介した。このように，先行研究において様々な規則が提案されてお
り，その多くは的を射ていると考えるが，そうすると複数の規則を認めるこ
とになる。ここでは，「規則」が複数存在する場合に生じる問題について，
Langacker（1991, 11. 1）の言う規則の相互作用（rule interactions）の考え方を参
考にし，本書の立場を述べる。

　まず，Langacker の言う rule interactions とは，Chomsky（1965）を代表とす
る変形文法理論において，深層構造から表層構造を派生させる上で適用され
る複数の規則を，どのように適用するべきかという問題についての考え方で
ある。例えば，生成文法の理論では標準的に，統語規則は同時に適用される
のではなく直列的に適用されるとしているため，規則の適用順序が重要とな
り，その一部は循環して適用される。一方，認知文法では規則の直列的適用
ではなく，複数の規則を同時に満足させることで文の適格性が判断されると
している。ここで，認知文法で説明目標とされているのは文の適格性につい
てであるため，修辞表現の理解にも直接的に複数の規則の同時満足という考
え方を当てはめることはできないが，大まかに見れば生成文法のような直列
的適用と，認知文法のような並列的適用の 2 種類が考えられると言ってよい
だろう。規則の相互作用という観点から修辞表現の理解についての研究を見
ると，先行研究で紹介した研究では個別に様々な規則を立てているものの，

1）本書では，4.4 でメタファーコーパスを用いた量的研究を行っている。

規則の適用方法について考慮しているとは言い難い。

　本書では，このような規則の適用の仕方という問題に対し，認知文法的な並列モデルを採用する。ただし，先に述べたように Langacker は文の適格性について述べる際に「複数の規則の同時満足」という表現をしているが，ここで想定されている規則は文法規則であり，本書で説明対象とする修辞表現を取り扱う上で想定する規則に比べて厳密に適用される。本書で取り扱うような修辞表現の解釈は，文法のように多くの話者が一致した見解を示すわけではなく，話者間での解釈の揺れが大きい。特に，一部の文学に見られるような修辞表現については様々な解釈が可能であり，時にはそれらが修辞表現であることを見逃す場合もある。そのため，修辞表現については「Aという解釈も可能だがBという解釈もできる」「Aさんはこのような読み方をしたが私はある部分に注意していなかったためそのような読み方ができなかった」というように，文法に比べて自由度が大きく，解釈時に利用されている手がかりによっても解釈に違いが生じるだろう。本書では，文法を記述するために用いられるような強い規則を想定したものではなく，何かある解釈を喚起するためのトリガーとなるような，より弱い規則を想定している。そこで本書では，「規則」という強い意味合いの表現を避けるため，前述のより弱い規則を「要因」と呼ぶことにする。次項では，この要因についての想定及び，それらの相互作用の仕方についてのモデルを説明する。

3.1.2 複数の要因を仮定するモデルの可能性

　先に述べたように，本書では修辞表現の理解に影響する複数の要因があると想定しているが，基本的に本書で扱う修辞表現は転義に関わるものであるため，語彙項目の意味を喚起する要因と言い換えることも可能である。これまでの理論では，複数の規則が想定されているような理論でも，規則 A によれば語 w は語義 s_1 で解釈されるが，規則 B によれば語 w は語義 s_2 で解釈されるというような規則同士の矛盾があった場合に，どのように処理するべきかは明らかにされてこなかった。本書では，このような問題に対し，個々の要因は並列的にある語彙項目の意味を喚起すると想定する。そして，最終的な解釈は必ずしも1つに絞り込まれるわけではなく複数の解釈も可能であ

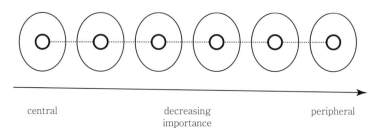

central　　　　　　　decreasing　　　　　　peripheral
　　　　　　　　　　importance

図 2　認知文法における語彙項目の意味の図式化（Langacker 2008, 48）

り，場合によっては文の意味や発話の意味として不適格な解釈についても，部分的には喚起された意味が読み手の解釈に影響を与えるという立場を取る。

　この仮定は，2.2.1でも紹介した百科事典的意味論や，認知文法における語の意味の扱いからより詳しく説明できる。既に2.2.1で述べた通り，認知言語学において言語の意味は概念化とみなされており，ある語彙項目の意味が喚起される際には複数のドメインがまとまって活性化される。Langacker（2008, 48）は語彙項目の意味の喚起について，中心的なドメインと周辺的なドメインの活性化のされ方について，図2を用いて説明している。図中の点線は対応を表し，同じモノ（各楕円の中にある太線で描かれた円）について中心性の異なる複数のドメインがあり，それらが喚起されている（ドメインマトリックス）ことを表している。これらのドメインは中心性が異なり，左の楕円ほど中心性が高く，右の楕円ほど周辺的なドメインである。実際の語彙項目の使用では，図3で表されているように，使用イベント（usage event）ごとに喚起される意味は微妙に異なるとしている。この微妙な意味の差異は，図3(a) と (b) でドメインを表す楕円の線の太さで表現されている。線の太さはドメインが喚起される強さの程度を表しており，それぞれの図では同じ語義でもドメインが喚起される程度の強さが異なれば，微妙な意味の差異があることを示している。なお，Langackerは図3(a) と (b) の差が使用イベントごとに異なるとしていたが，本書ではこの考え方を発展させ，語彙項目の意味を活性化させる様々な要因が個別に図3(a)，(b) のようなドメインの活性化を行うと仮定する。より詳しく言えば，要因f_aは語彙項目iについて図3 (a) のようなドメインの喚起をするが，要因f_bは語彙項目iについて

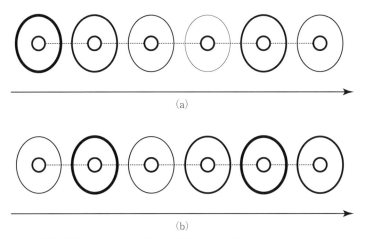

(a)

(b)

図 3　語彙項目について喚起される複数の意味 (Langacker 2008, 50, Fig-
ure 2.7 を改変)

図 3(b) のような喚起を行うということである。

　この想定は，第 4 章，第 5 章で異義兼用や異義反復を取り扱う上で重要と
なる。異義兼用のような修辞技法では，1 つの表現に対し複数の意味を読み
取ることができるが，このような場合なぜ複数の意味が喚起されるかが問題
となる。Langacker は使用イベントごとに図 3 のような語彙項目の意味の違
いがあるとしていたが，本書では意味を喚起する要因は複数あると想定し，
各使用イベントにおける意味が（ある程度）決定されるプロセスには，複数
の要因が個別に意味を喚起すると想定する。異義兼用のような複数の意味が
喚起される修辞表現では，複数の要因が喚起する意味の隔たりが大きいと考
えることができる。逆に，我々が違和感なく読み進めているテクストでは，
複数の要因が同じようなドメインを喚起していると考えられる。このような
仮定を用いた具体例の分析は，第 4 章，第 5 章で行う。

　本書で仮定する並列モデルは，語彙項目の意味がまずミクロ的要因とマク
ロ的要因により並行して喚起されるという単純なものである（図 4）。図 4 で
は，ミクロ的要因とマクロ的要因によって並列的に喚起された語彙項目の意
味が文の解釈に関わり，文レベルの解釈では両要因によって喚起された意味
が元の強さとは異なった強度で喚起されることを示している。図中でドメイ

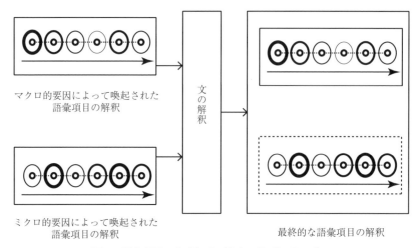

マクロ的要因によって喚起された
語彙項目の解釈

文の解釈

ミクロ的要因によって喚起された
語彙項目の解釈

最終的な語彙項目の解釈

図4　語彙項目の意味処理に関する並列処理モデル

ンマトリックスを囲む四角はドメインマトリックスとしての喚起の強さを表
し，図4において文の解釈を経た後では，ミクロ的要因によって喚起された
意味が文の解釈前より弱く喚起されていることが破線によって示されてい
る。

　文の解釈前に喚起された意味のうち，文の意味を解釈する過程を経た後で
どれが強く喚起されるかによって様々な修辞表現の差異が現れると考えられ
る。例えば，いわゆる駄洒落の場合などは文の解釈には合わないが部分的に
喚起され，本書で後に扱う異義兼用の場合などは複数の異なる意味が同時に
喚起され続けると考えられる。なお，語彙項目の意味処理についての並列モ
デルは，現段階ではミクロ的要因とマクロ的要因の2つが並列であるという
主張に留まる。すなわち，ミクロ的な解釈もしくはマクロ的解釈について直
列的か並列的かという仮定は行わない。また，図4はあくまでも概括的なモ
デルを示したに過ぎず，本書では精緻なモデルを示すわけではない。本モデ
ルが実例を説明する上でどのような機能を果たすかは，第4章，第5章で取
り上げた実例を基に第6章で説明する。

　なお，本書で仮定する要因は必ずしもお互いに独立とは言えず，むしろ複
雑に絡み合っている方が自然だと考えられる。何を仮定するかの詳細につい

ては後に述べるが，本書で仮定する要因の 1 つである談話トピックについて
考えた場合，何が談話トピックになるかはそのテクストに含まれる内容に影
響されるため，本書で仮定する別の要因である結束性と完全に独立している
とは考えにくい。つまり，談話トピックは特定の語彙が繰り返し使われるこ
とによっても部分的に決まり，それは結束性を生み出すことにもなっている
が，談話トピックは語彙を繰り返し使用することによってのみ決定されるわ
けではない。したがって，談話トピックと結束性が共に修辞表現の理解に影
響すると考えた場合に，効果の一部は重複することになるが，これらは完全
に独立でも従属でもないため，どちらか一方のみを考慮すればよい訳でもな
い。本書ではこのような仮定のもと論を進めるが，先行研究で提唱されてき
た様々なテクスト分析の概念同士の関連はまだ明らかではないため，談話・
テクスト言語学の発展を待つ必要がある。

3.1.3　量的アプローチ

　本書で採用する，複数の要因が並列的に語彙項目の意味の喚起に影響する
というモデルによって説明を試みる場合，伝統的に言語学で用いられている
例証だけでは論証として不十分である。その原因の 1 つは，本書で想定して
いる要因の一部が文を超えた範囲に関わるため，作例が容易でないことが挙
げられる。数文〜数十文単位の自然な作例も作ることは難しく，1 つの小説
を通じた語彙の意味の調査など，大規模なテクストの分析は作例では不可能
である。このような原因により，テクストについての研究では論を進める上
で重要な部分が異なる例文を比較するというミニマル・ペアによる手法が難
しく，代替手段が必要となる。本書でも，テクスト中のある文を元のテクス
トとは別の文脈で解釈した場合に解釈がどのように変わるか，という作例に
似た手法を部分的に用いるが，テクストレベルの研究では干渉する要因が多
く，文レベルの研究におけるミニマル・ペアに比べて説得力が下がるため，
量的手法から得られた証拠と合わせて考える必要がある。

　また，メタファーの使用に関するある特徴がどの程度一般的か，というよ
うな修辞表現の頻度の関わる問題については，均衡コーパスを用いるなどし
て一般的な言語使用を代表するデータを用いて検証しなければならない。例

えば，本書ではメタファー表現として用いられている語の概念的意味と結束性の関係を研究対象とするが，このような問題は英語で主語に応じて動詞の屈折があるといったような（ほぼ）確実に見られる規則ではなく，「このような場合が多いが別の場合もある」というような傾向であるため，少数の事例から一般化が難しく，多くのデータを計量する方が妥当な手法だと言えるだろう。

　本書で行う量的なアプローチでは，量的な分析の基礎となる計量方法の提案，およびそれらを応用した実際の分析を目標としている。まず，量的な分析を行う上では，テクストの特徴という抽象的なものをどのように計量化するかを決める必要がある。本書では，転義に関わる修辞表現が中心的な研究対象となるため，表現の持つ字義通りの意味と修辞的な意味に着目し，それらがどのような分布をしているかを計量化する。そして，メタファーコーパスを用いてテクストの特徴の一部を実際に計量し，メタファーの使用実態の記述へと応用する（4.4）。

3.2　ボトムアップ的要因

　当然のことだが，読み手は今自分が読んでいる箇所について，そこに書かれていることから意味を理解しようとする。例えば，「太郎が次郎を殴った」という例文について，太郎と次郎という人物について何も知らず（場合によっては人物ではなく飼育している動物の名前ということもありうる），そこに殴るだけのもっともな理由があって殴ったのか，ありふれた子供の喧嘩か次郎が骨折するほど事件であるかなどがわかる手がかりがなくとも，太郎が殴るという行為を行い，次郎が殴られたということは理解できる。

　このように，文の中に書かれている情報のみから文の意味を解釈しようとする読み手の心的処理のうち，修辞表現に関わる要因となるものを本書では「ボトムアップ的要因」と呼ぶことにする。すでに紹介した先行研究で指摘されていることについて言えば，選択制限の違反を回避した解釈を行おうとすることや，3.2.1で述べるCroft（1993）の「ドメインの一体性」が，本書

で修辞表現の理解に深く関わるボトムアップ処理だとみなすことができる。ただし，本節では完全にボトムアップ的な要因に限らず，文に含まれる代名詞の解釈などボトムアップ処理に直接的な影響を及ぼす文脈的要素も存在する。そのため以下では，中心となるボトムアップ処理の詳細ならびに，ボトムアップ処理に影響を与える文脈について述べる。

3.2.1　ミクロレベルの整合性

2.1 では，これまでのメタファー研究において選択制限の違反が重要視されてきたということについて述べた。本書では，これは 1 つの文の意味が整合的に理解できなければならないことを示していると捉える。本書で仮定する修辞表現の理解に関わる要因には，問題となる文の外を考慮する必要がある結束性，一貫性，談話トピックといったものが含まれる。1 つの文が整合的に理解できなければならないということは，つまり，文外の要因に関わらず，まずその文の中で起きている意味の衝突を解消した解釈をしなければならないということである。より文法的な観点から言えば，本書では意味の衝突は精緻化の過程で起こると考えているため，文内で個々の語彙項目が統合される際に，うまくその衝突を回避して精緻化が行わなければならないとする。ただし，ここで文と想定する単位は実例を見ると明確に定義できるとは言い難い。例えば，日本語の連用形によって複数の節が並列される場合には，各節が表す概念内容同士が衝突するか否かということは判断が難しいと考えられる。

ミクロレベルの整合性は，Croft（1991）が主張するドメインの一体性（the unity of domain）に概ね相当する。メタファーやメトニミーに関わるドメインの一体性とは，依存的な文法要素と，その要素と関係を持つ自律的な文法要素は，1 つのドメインで解釈されなければならないということである。また，複数の記号が統合されて文になることから，上記の依存的要素・自律的要素の統合の繰り返しにより文が意味的にまとまりを持つとしている。このCroft の主張については，本書でも概ね認めることになるが，完全に同一の見解を取るわけではない。例えば，Croft は最終的にまとまりを持つようになる単位について文しか挙げていないが，どのレベルでまとまりを持つかと

いうことについてはあまり議論がなされていないため，特に前提を設けない。例えば，本書で後に述べるように，数文にわたって同じ概念メタファーをもとにしたメタファー表現が登場する場合があることや，広い意味でのメトニミーに含まれる転喩（詳しくは 5.1.2）のように，文レベルの意味でメトニミーが成立する場合があることから，意味のまとまりは 1 文で収まらない場合が考えられる。一方で，上述したように，文という単位について本書では意味的に独立した単位として見なすことに懐疑的な立場を取るため，また，Croft は，ドメインマッピングは自律的な要素，ドメインハイライティングは依存的な要素に起こるとしているが，このことについては，"sweet sorrow" のようなオクシモロンの例では依存的な要素である形容詞の側もドメインマッピングが見られる[2)]ため，この主張についても必ずしも成り立つものとは見なさない。

いずれにせよ，意味の衝突は読み手や聞き手にとって解決しなければならない問題であり，メタファー的理解やメトニミー的理解，あるいはそれまでの経験で得た知識体系の変更を迫られる。例えば，次のような意味の衝突が見られる例（10）は，字義通りにも理解可能だが，字義通りに理解しようとした場合には，それまでの常識から大きく隔たった世界を想像しなければならない。

（10）a. 目玉焼き
　　　 b. 一升瓶を飲み干す

（10)a は卵の黄身と白身で出来た形状を目玉に見立てるメタファーだが，出来る限り字義通りに複合名詞を解釈しようとすると，何かの目玉を焼いた料理や，たこ焼きのように目玉と何らかの生地を混ぜて焼いた料理を想像しなければならない。また，(10)b は「一升瓶」という容器で中身を表すメトニミーであり，メトニミー的解釈では一升瓶の中身の液体（多くの場合は酒）を飲み干すことになる。これを字義通りに解釈した場合，何らかのショーで手品として容器としての「一升瓶」そのものを口に入れ，体内に収めるとい

2）ここでは "sweet" が字義通りの味としての「甘い」ではなく，ある種の精神的な状態をもたらす "sorrow" であることを示している。

うことになる。このように，意味の衝突を含んだ表現は，上に挙げた解決方法やその他の手段で解決する必要がある。その中から選ばれる手段には様々なものが考えられるが，本書ではテキスト内に含まれる情報との関連から，どのような方法が優先されるかを考察する。

3.2.2 文の内容と文外の要素

基本的に本節では，修辞表現の解釈に関わる文内の要因について述べるつもりだが，文を解釈する上で考慮せざるを得ない文脈的要因について述べる。具体的に考慮するのは，代名詞の解釈が関わる場合である。例えば，(11) は字義通りの解釈もメタファー的な解釈も可能である。

 (11) The rock is getting brittle with age.

（Kittay 1984, 154）

(11) は地質学の説明の文脈で用いられているならば，字義通りに捉えられる。しかし，名誉教授について述べたりする際，特に，ジェスチャーを伴ったりしてはっきりと誰を指すか明示しているような場合にはメタファーとして解釈可能だと Kittay は述べている。また，言語的な文脈としては，次の表現の追加によりメタファー的解釈ができるようになるとしている。

 (12)（i）　The rock is getting brittle with age.

   （ii）　He responds to his students' questions with none of his former subtlety.

   （iii）His lectures also lack the verve which was characteristic of them.

（*ibid*., 163）

ここで指摘されているのは，代名詞による指示的結束性がこのような修辞表現の理解に関わる文脈を提供するということである。"The rock" の概念的意味は (12)（i）の段階では「岩」であるか「名誉教授[3]」であるかは曖昧である。しかし，"The rock" を照応先としている "He" や "His" が有生物を指す代名詞であることや，(12)（ii），(iii) で「学生からの質問に答える」「講

---

3) Kittay は名誉教授だという設定で例文を出しているが，そのような情報がない場合でも "The rock" が教員を指すことは (ii)，(iii) から把握できるだろう。

義をする」といった行為を行う主体であることがわかるため，"The rock" を名誉教授であると解釈しなければ整合的ではなくなる。

　Kittay によるこのような指摘は，1 つの文の内部の整合性を考える上でも，その文を超えた範囲を考慮する必要があることを示している。3.2.1 では，ある文を解釈するときは文の構成要素が整合的に合成されなければならないという要因について述べたが，代名詞の解釈と指示的結束性によって限定された (12)(i) の解釈の要因，特に "brittle" の解釈については，文内の要因と文脈的要因の中間に位置すると言える。つまり，(12)(i)-(iii) の例文は，(12)(i) が字義的解釈とメタファー的解釈の両方で整合的な解釈が可能で，(12)(ii)，(iii) では "He"，"His" の照応先を人間と考えれば字義通りの意味で整合的な解釈が可能であるが，(12)(ii)，(iii) に含まれるこれらの代名詞により，"The rock" の解釈が「名誉教授」に決定される。そして，"brittle" という記号は「名誉教授」と整合性を持つような概念的意味で統合されなければならなくなる。この例が示しているのは，本節で述べているミクロ的な要因，つまり文の構成要素の合成は整合的でなければならないという仮定は，その構成要素の一部の解釈が文脈からの影響を受けて決定される場合，文内の他の要素の解釈もそれに影響されるということである。

3.2.3　修辞表現の文法的単位
　文内の要因と文外の要因ということを考える上では，修辞的に使われている部分だけでなく周囲の部分も重要である。この点について Black (1962) は，フレーム（frame，フレーム意味論におけるフレームと紛らわしいため，本書では「修辞フレーム」と呼ぶことにする）と焦点（focus）という概念を提示している。字義的でない用いられ方をしている（1 つ以上の）語を焦点，その周辺の字義的な表現が修辞フレームである。例えば「男は狼である」においては「狼」が焦点であり，「男は」と「である」が修辞フレームとなる。Black の提示した焦点と修辞フレームという概念はメタファーについて設定されたものだが，隣接性に基づいた転義が起こっている語を焦点，その周りの語を修辞フレームとみなすことができるため，メトニミーにもこの概念は無理なく当てはめることができるだろう。

　焦点と修辞フレームという観点から見た場合，これらは様々な修辞的単位を取りうることがわかる。例えば，意味の衝突が明らかな場合は衝突している要素の少なくとも一方は焦点となり，合成が繰り返されるに従ってより大きな単位が焦点となりうる。これについては 4.1 で詳しく述べる。また，ことわざや慣用句など，焦点になりやすい単位も存在するだろう。

　ここで問題になるのは文内で意味の衝突が起こっていない場合である。例えば，「私は今暗闇のなかにいる（山梨 1988, 23）」では意味の衝突は起こっていないが，「暗闇のなかにいる」という部分は文脈次第で字義通りにもメタファーとしても解釈できる。例えば，この文がテクストの中に登場し，テクストの別の部分で「私」が何かを理解できない，といった状況についての描写があった場合，比喩の認定に関わる修辞フレームという概念は文を超えた単位まで拡張されることになる。本書で対象とするのはテクストにおける修辞表現であるため，この概念の拡張はテクストの範囲までに留めておくが，言語外の文脈によって「暗闇のなかにいる」がメタファーとして解釈できるようになる場合，言語外の文脈を修辞フレームと捉えることができるか，といった問題も生じるだろう。また，焦点についても，少なくとも文までの単位についてはまとまった焦点とみなすことができるか否かを検討する必要があるだろう。

　これまで，このような修辞表現の文法的単位はあまり研究対象とされてこなかったが，本書ではこれらの問題について，文内の記号合成の過程における焦点と修辞フレームの決定（4.1），および，転喩など必ずしも意味の衝突は起きていないが，節や文のレベルが隣接性に基づいて解釈され焦点となる場合（5.1.2）について論じることにする。

3.3　トップダウン的要因

　3.2 では修辞表現の理解に関わる要因のうち，文内の情報から文を理解しようとする際の要因を中心に述べたが，本節ではそれらとは対照的な「トップダウン的要因」について述べる。本書で想定するトップダウン的要因と

は，主に言語的な文脈や，常識的なイベントのあり方によって喚起された情報により，現在理解しようとしている文内の要素の解釈を試みようとすることにより，修辞表現の理解に影響する要因である。トップダウン的要因の多くは第2章で述べたものを基礎としているが，ここでは修辞表現との関わりという観点から各々の要因について述べる。

3.3.1 結束性と語義一貫性

2.3.3 では，テクスト内で同義語，上位・下位語，部分・全体関係にある語が繰り返し使われることで語彙的結束性が生み出されるという主張を紹介した。しかし，語彙的結束性に関わる主張は1つの語が1つの語義で用いられることを暗黙のうちに想定していると考えられる。例えば，1つのテクスト中にある語が最初に出現したときは字義的意味で用いられているが，次に出現したときはメタファー的意味で用いられているという場合，語義的結束性を両方とも字義的に用いられている場合と同一視してよいのかという問題が生じる。先に指摘した「1つの語が1つの語義で用いられることを暗黙のうちに想定」しているのは研究者であるが，実際に我々がテクストに接するときも曖昧さを避けるなどの目的で，無意識的に従っている可能性がある。そこで，本書ではテクスト中である語が複数回出現する場合，その語が1つの語義で使われるか，複数の語義で使われるかということを問題にするため「語義（の）一貫性（consistency）」という概念を提案する。語義一貫性の詳細な定義については3.3.1で述べるが，この概念は当然のことながら文脈という観点から修辞表現を研究する上で重要であり，本書では異義兼用や異義反復といった修辞表現を中心に，この概念を用いて議論する。

　また，語義が一貫していることに対する期待は，関連分野からもそのような期待があることが示唆されている。心理学的な要因としては，プライミングが比喩理解を促進させると中本（2007）は報告している。より詳細には，喩辞（喩える側の表現）について見ると，関連しない意味特徴が事前に活性化されていた場合には，特定の意味特徴の活性化が無かった場合に比べて，比喩理解に時間がかかる。一方，喩辞について解釈関連の特徴を活性化しても比喩理解に要する時間は変わらない。比喩の主題（喩えられる側の表現）につ

いては，比喩の解釈に含まれる意味特徴が事前に活性化されていた場合には
そうでない場合に比べて比喩の理解は速くなるが，比喩に無関連な意味特徴
が事前に提示されても理解が遅くなることはない，と報告されている。本書
では，実際のテクストにおいてこのような活性化・抑制に関わる原因は文脈
の中にあるとし，特に結束性や談話トピックの面から実例を考察する。ま
た，Yarowsky（1995）は，ある多義語が 1 文書で複数回使われるとき，1 つ
の語義で使われることが多い（精度 99.8%）としている。Yarowsky の研究は
自然言語処理に役立てることを目標とした，多義語についての記述統計的な
研究であるため，その背景にある人間がどのように言語を理解するかという
ことは射程に含まれていない。しかし，言語学的な立場からこの研究を見る
と，結束性や談話トピックの影響など，より詳細に検討すべき事実を指摘し
ていると考えられる。次章では，このような語義の一貫性への期待につい
て，メタファー，メトニミーといった研究の盛んな修辞技法に加えて，異義
兼用，異義反復といった周辺的な修辞技法の観察を通して検討を行う。

3.3.2 談話トピックと一貫性

2.3.4 で述べた通り，本書では読み手は「一貫性[4]への期待」を持つと想
定する。書き手にはテクストを生み出すときに *pressure of coherence* が働く
と Kövecses は述べていたが，そのような圧力の下生み出されたテクストに
は談話トピックの継続性や一貫性が期待できる。そして，読み手はそのよう
な期待に沿うようにテクストを理解しようとすると想定できる。「一貫性へ
の期待」を生み出すと考えられるこの 2 つの文脈的要素は，似たような形で
修辞表現の理解に影響を及ぼすと考えられる。

　基本的に読み手は談話標識などによって談話トピックが変わることが明示
されない限り，現在の談話トピックが継続すると想定する。転義が関わる修
辞表現の場合，ソースドメインにおける概念とターゲットドメインにおける
概念についてある談話トピックと照らし合わせて考えた場合，どちらか一方
の概念が談話トピックにそぐわない場合が存在する。本書ではこのような場

4）この「一貫性」は Kövecses の想定する「一貫性」であるため，本書で定義している一
貫性よりも広い概念である。

合，談話トピックにそぐわない方の概念は字義的意味で用いられる場合に比べて抑制されると想定する。具体的には，ARGUMENT IS WAR という概念メタファーの使用を考えた場合，会話の参与者たちが議論についての話をしている最中に戦争に関わる概念が出てくることになり，それまでの会話とは無関係な概念が混入することになる。したがって，戦争に関わる語彙をソースドメインの意味で解釈することは，談話トピックが持続するというの期待に反することになる。この場合，戦争に関わる語彙の字義的意味（つまり，ソースドメインにおける意味）は談話トピックにそぐわないものになるため，抑制されると考えられる。

　また，本書では基本的に談話トピックを考慮する場合，例外的な場合を除き数パラグラフ以上持続したり，緩やかに遷移するものと想定しているが，もう少し短い単位では，一貫性（coherence）も同様の影響を修辞表現の理解に影響を及ぼす要因であると想定する。より具体的には，ソースドメインにおける概念とターゲットドメインにおける概念について前後（特に前方）の文と照らし合わせて考えた場合，前後の文にそぐわない方の概念は字義的意味の場合に比べて抑制されると想定する。

3.3.3 テクスト内で構築される知識

　先に述べた結束性や語義一貫性，談話トピックによる影響は，どちらかと言えば言語に焦点を当てた（つまり，「プロダクトとしてのテクスト」的な）観点から考えた要因であった。これに対し，読み手や心理的な側面をより重視して「プロセスとしてのテクスト」の立場から考えた場合，先に述べたテクスト的特徴は読み手がどのようにテクストを理解しているかという心理的な状態の変化を考えることになる。つまり，結束性や談話トピックといったテクスト的特徴は，読み手がテクストをまとまりがあって意味的に整合性の取れたものとして理解することに貢献するものであり，部分と全体を統合された形で理解する心的過程の一側面である。より具体的に言えば，ある物語やニュースを理解するとき，テクストで記述されている世界について1つ1つの表現で表されていることが無関係だったり矛盾していたりしないように解釈しようとするということである。このような解釈をするとき，談話トピッ

クや結束性は複雑な形で相互作用し，テクストを1つのまとまりをもったものとして解釈可能にする過程で修辞表現の理解に影響を与えると考えられる。

メタファーの理解に関してこのような想定が必要であることに関して，山梨（1988）が重要な指摘をしている。例えば，文脈抜きで次の文を見た場合，慣用的な意味を汲み取ることはできる。

(13) Juliet is the sun.

(*ibid.*, 42)

ここで the sun は，常に明るく輝き，希望をあたえ，あたりを輝かせてくれるような存在として捉えることができる。しかし，次のように文脈が与えられた場合には，常套句的な表現ではなくなる。

(14) But, soft! What light through yonder window breaks?
It is the east, and Juliet is the sun!
Arise, fair sun, and kill the envious moon,
Who is already sick and pale with grief, …

(Romeo and Juliet: II, i ll. 2-5)

これについて山梨（*ibid.*, 42-43）は，「ジュリエットがバルコニーの窓に現れる姿が，ちょうど東の空に太陽が現れる様子にたとえられている。このたとえは，少なくとも問題の比喩表現の先行文脈（[“What light through yonder window breaks? It is the east…”]）の部分から推定できる」と述べている。また，文脈無しの「太陽のような存在」であるという意味も失われないと述べている。このような比喩の理解は，この部分がロミオとジュリエットの恋物語についての記述であることや，ジュリエットという指示対象についてバルコニーの窓に現れることが先行文脈で述べられていることなど，談話トピックや指示的結束性などによる統合的な理解が関わっている。

本章では修辞表現の理解に関わる要因として，既に先行研究で指摘されているものに加え，文脈的な要因について述べた。本書では，修辞表現の理解

について語からテキストレベル至るまでの観点から統合的に説明することを目標としており，語の合成過程に関わる要因は文以下のレベルとして，結束性や談話トピックなどの文脈的要因はテクストレベルの要因として取り上げた。特に，文脈について考慮することは，言語の理解がダイナミックなものであり，記号の置かれた環境に大きく影響を受けるという言語観の反映でもある。また，理解について複数の要因を仮定し，諸要因の喚起する意味の相互作用について考慮しなければならないという考え方は，自然言語の意味が重層的であることを示し，その理由についての理論を形成しようとする試みでもある。上記のような言語観や仮定を基に，次章では具体的な言語事例について分析，考察を行う。

実世界のオクシモロン①

　本書ではレトリックの解釈に関する言語学の理論を中心に論じているが，レトリックの面白さを味わうにはまず実例に触れるのが一番である。本文ではレイコフとジョンソンが日常言語にはメタファーが溢れていることを指摘したと紹介したが，ここでは実世界で使われているオクシモロンについて紹介する。オクシモロンとは 4.1.2 で述べるように，撞着語法，対義結合とも呼ばれ，「公然の秘密」「小さな巨人」のように，一見矛盾しているように見えるものの意味が通ることを特徴とした修辞表現の一種である。これらの例は慣用句的にすでに定着した例だが，本文で「ノンアルコールビール」という例にも触れたように比較的新しい例も出現する。

　最初に紹介したいのは「白衣」に関わる表現である。白衣はご存知の通り医療スタッフが仕事着として着用する衣服だが，典型的にイメージするのは医師や看護師が着る文字通り「白い」白衣だろう。しかし，現実に存在するのは何も白色のものばかりではなく，「水色の白衣」や「ピンクの白衣」，手術用の「緑の白衣」に出くわした経験のある方がほとんどだろう。Wikipedia[1] にも以下のような記述がある。

> 「白衣」という名称の示す通り，その多くは白色であるが，必ずしも厳密に色が白に限定されるわけではない。研究者やエンジニアが着る物には青や緑の白衣も存在し，色が付いていても「白衣」と呼ぶ。

「緑の白衣」という字面を冷静に考えてみると，緑なのか白なのかわからない。しかし，緑の手術衣を見たことのある人なら「ああ，あれね」と納得することが多いだろう。Wikipedia に限らず，「緑の白衣」や「ピンクの白衣」というワードでインターネットを検索すると，ブログ等で表現のおかしさや不思議さについて取り上げているのを見ることができる。

　もう少し即興的な例では，「A級のB級グルメ」という表現もある。

> カキオコも，たまごかけごはんも，ホルモンうどんも，いわばB級グ

（2015 年 8 月鹿児島にて筆者撮影。「白い黒糖」という説明が確認できる。モノクロ印刷でわかりにくいが，カルメ焼きのような色をしている。）

ルメですが，間違いなく<u>Ａ級のＢ級グルメ</u>です。美味いもん！！

（ブログ²，下線筆者）

　ご存知の通りＢ級グルメとは，一般的な「グルメ」のように高級ではなく庶民的だが美味しい料理のことである。上の例ではカキオコ，卵かけご飯，ホルモンうどんを例に挙げながら，その美味しさを根拠にそれらのＢ級グルメが「Ａ級」であることを主張している。これも表現の字面を冷静に考えればＡ級なのかＢ級なのかわからないが，日本語や日本の文化に馴染んだ人であればスルッと理解できてしまうだろう。

引用元 URL

Wikipedia¹:https://ja.wikipedia.org/wiki/%E7%99%BD%E8%A1%A3,
2019/05/30 アクセス

ブログ² : http://satoshin.jp/kokoro/kokoro_bunrui/ko_data/a10_0812
29.html，2019/06/04 アクセス

第 4 章

メタファーの理解

　本章では，修辞表現の中でも常に議論の中心となってきたメタファー及び，メタファーに関わる修辞表現であるオクシモロン，異義兼用，異義反復などについて前章までに述べたことを基に論じる。また，それらの分析を通じて，修辞表現の理解には様々な要因が関わっており，従来述べられてきたミクロ的要因に加え，結束性や談話トピックといった談話的特徴が関与していること，複数の意味が喚起された場合には複数の意味が重層的に文の解釈としても残り得ることについて明らかにする。分析は質的・量的分析の双方を行う。個々の実例の質的分析を通じてメタファーの理解に影響を与える環境について詳細に観察した後，前章で導入した語義一貫性について，メタファーコーパスを用いて量的な観点から検証する。

4.1　意味の衝突とメタファーの理解

　2.1 でも述べた通り，読み手がある表現をメタファーだと解釈するときには選択制限の違反が重要な役割を果たすが，これはメタファーの必要条件でも十分条件でもない。本項では，意味の衝突の検出とメタファーによる衝突の回避について述べた後，ドメインマッピングによるメタファー的転義の詳細について説明し，最後に，意味の衝突を伴わないメタファーについて述べる。

4.1.1 意味の衝突の検出

　意味の衝突の検出については，2.1 や 2.2.3 で述べた先行研究，並びにメタファーや直喩の理解に関わる先行研究に基づき，これまで独立に行われてきたこれらの文法と修辞に関する理論を統合し，体系化を行う。意味の衝突（並びに選択制限の違反）はある表現がメタファーであるための必要条件でも十分条件でもないことはすでに述べたが，メタファー的解釈は意味の衝突を回避する手段の 1 つとして機能する。したがって，一通り意味の衝突とメタファー的解釈が語彙項目の統合過程とどのようにかかわるかを整理しておく必要がある。ここでは，衝突を起こしている語彙項目やユニットが持つ意味的特徴同士の関係と，語彙項目が統合される過程と意味の衝突の関係について述べる。

　意味の衝突が起こるためには，統合される語彙項目や，複数の語彙項目が統合されてできたより大きなユニット同士の間に，両立不可能だったり本来持ち得ない特徴が存在する必要がある。このような意味の衝突と解釈について，山梨（1988, 21–22）は比喩の認知過程として「A は B だ」型の連辞的なメタファーを例に挙げ，衝突の検出から解消までのプロセスを説明している。そのプロセスは，（i）問題の比喩表現の主部 A と述部 B の間にみられる選択制限の違反の認定，（ii）述部 B の顕現特性の主部 A への転写による A の概念体系の再構成，及び（iii）（ii）を介しての主部 A に関する再解釈の 3 段階からなる。

　例えば，次の例（15）では，主部の名詞句「男」と述部の名詞句「狼」の間に選択制限の違反（「男」の［＋human］と「狼」の［−human］という意味素性の不整合）が認定される。

　　（15）男は狼だ

この後，「狼」の顕現特性である［＋vicious］などの特性が「男」に転写される。そして，「男」に関して “viciousness” 等が新たな視点として発見される。なお，ここで言う「特性」は，本書では 2.2.2 で述べたドメインとしても捉えられるだろう。

　次に，個々の語彙項目が記号統合の過程を経て，テクスト中に文として具

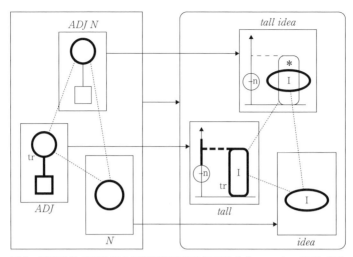

図5　認知文法の記法による選択制限の違反の図式（Langacker 2008, 191）

体化される過程について考える。2.2.3で述べた通り，認知文法では複数の
語彙項目が統合される際に，主要部と補部／修飾部の間に精緻化の関係が生
じるとされる。この精緻化の観点から見た場合，精緻化されるユニットの持
つ特徴と，精緻化するユニットの持つ特徴が両立できないため，それらのユ
ニットが意味の衝突を起こすと考えられる。これについて，Langacker
（2008）は図5のような図式を描き，"tall idea" という句で起こっている選択
制限の違反について説明している。

　ここでは，"tall" のトラジェクター（tr）と "idea" がプロファイルするモ
ノ（認知文法の用語で言う *thing*，図中では "I" というラベルのついた楕円で表現さ
れている）が統合されることが右側のボックスに表現されている。しかし，
"idea" は抽象物であり，"tall" のトラジェクターは具体物であることが課さ
れているため，この2つは記号の統合の過程で文法上対応関係を結ぶことに
なるが，概念上の不調和（inconsistency）があるため，この表現には変則性が
ある。なお，図中のアスタリスクは Langacker 自身の記法で，概念上の不調
和を示すにとどまるため，本書で用いる意味の衝突の深刻さを表すためのア
スタリスクとは異なる。Langacker は選択制限の違反が対応関係（correspond-
ence）に関わるという重要なことを指摘しているが，残念なことに "tall idea"

という，文法構造的に単純な表現以外の図式を提示していない。

　実際，認知図式を用いて精緻化の過程を明示することは，意味の衝突を詳細に記述する上で，Langacker 自身が図 5 で示した以上に役立つ。例えば，語彙項目が統合される過程で意味の衝突を捉えようとした場合，2.2.3 で紹介した構造統語論の記法を使うと（16）に示した通り簡潔に衝突している箇所を表すことができる。しかし，（17）のような複雑な例では，構造統語論の記法を使うと，主要部—従属部の関係が遠い語彙項目同士が不整合である場合に精度の高い記述が難しい。例えば（18）では，係り受け関係が複雑なため，(i)-(iii) に関わる意味の衝突を詳細に記述できない。

（16）

（"*"は意味の不整合を表す。）

（17）He *attacked every weak point* in my argument.

（Lakoff and Johnson 1980, 4, イタリックは原文）

（18）

He　attacked　every　weak　point　in　my　argument

　（17）の語彙項目のうち，ここで問題にするのはメタファー的な意味で用いられている "attacked"，"point" および "in" である。上記の語彙項目は字義的に解釈しようとした場合，統合の過程で意味の衝突が起こる組み合わせであると考えられる。この衝突を構造統語論の記法で記述しようとすると，（18）に示した (i)，(ii) の主要部—従属部の関係が問題になる。基本的に構造統語論の記法では，2 つの語彙項目のどちらが主要部でどちらが従属部かを記述するため，ある従属部が更に従属する要素を持っていても，それら

との関係を記述するのは困難である。言い換えれば，従属部の従属部以下に当たる要素（主要部を親，従属部を子として比喩的に言えば，ある主要部から見て孫以下の子孫）との関係を図示しにくいということである。例えば，(i) の場合は "attacked" と "point" の関係を表す矢印であるが，これは "attacked" と "every weak point in my argument" が意味の衝突を起こしていることを表現しづらい。これは単に "He attacked every weak point in his enemy's castle" と対比するとわかりやすいが，"attacked" は単体の "point" と統合されたため意味の衝突を起こしたのではない。(ii) についても同様で，"point" と "in" そのものが衝突しているのではなく，"point" と "in my argument" が衝突している。(iii) のように衝突する主要部と従属部が直接矢印で結ばれている場合は問題ないが，特に (i) のように複雑な従属部を持つ場合，従属部のどこに衝突の原因があるか曖昧になってしまう。

　これに対し，図 6 に示した認知文法の記法では，合成構造の内部の表示ができるという点や，語彙項目の合成履歴を辿ることができるという点で，認知文法の記法はより詳細な記述を可能にする。図 6 において，"*" は対応関係における意味の不整合，"(*)" は精緻化における意味の不整合を表す。また，"point" と "in" 及び "argument" に関わる正円は具体名詞，楕円は抽象名詞を表し，"attacked" に関わる実線矢印は物理的な力，破線矢印は抽象的な力を表す。この図においては，"in' と "my argument" の合成の際に "in" のトラジェクターとランドマークの双方が抽象的意味に拡張されている[1]。この図においては，"attack" と "every weak point in my argument" の合成の際に "attack" のランドマーク及び，トラジェクターとランドマークの相互作用を表す矢印が抽象的意味に変化していることを表せる。このように，意味の不整合と合成過程について表すことのできる粒度は記法によって異なる。

4.1.2 オクシモロンに見られる意味の衝突の解消と修辞表現の重層性

　4.1.1 では，意味の衝突とメタファーの理解について述べたが，意味の衝突はメタファーを始めとする転義の修辞表現のみと関わるわけではない。転

1）概念メタファー理論では "in" のような多義語についても空間的な意味を字義的な意味と捉え，抽象的な意味を拡張的であると考える。

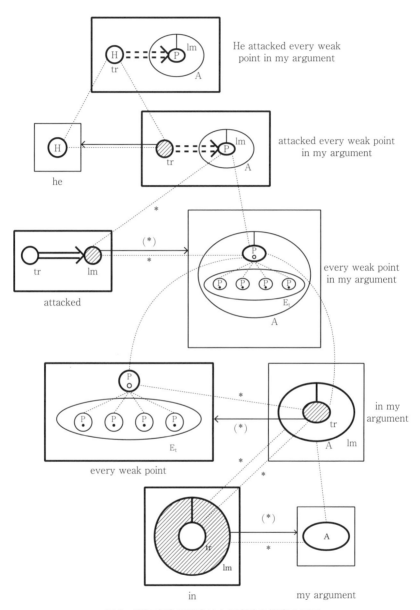

He attacked every weak
point in my argument

attacked every weak point
in my argument

he

every weak point
in my argument

attacked

in my
argument

every weak point

in

my argument

図 6　認知文法の記法による意味の衝突の図示

義的な理解は意味の衝突を解消する[2]ために取ることができる方法であるの
に対し，ここでは意味の衝突の種類そのものと修辞表現の関係に焦点を当て
る。2. 1. 2 では意味の衝突の種類について，不適切性，背理，不整合という
3 種類に分けるという Cruse の分類を紹介した。ここでは，意味の衝突の分
類のうち背理と深く関わるオクシモロンという修辞表現について取り上げ
る。

　オクシモロンとは撞着語法や対義結合とも呼ばれ，「公然の秘密」「小さな
巨人」のように，一見矛盾しているように見えるものの意味が通ることを特
徴とした修辞表現の一種である。以下のように，先行研究におけるオクシモ
ロンの定義には幅があるが，原則としては Cruse の分類で言う「背理」に当
たるものがここに含まれると考えてよいだろう。

　1.　対義的な表現の結合
　　ギリシア語起源のオクシモロン（oxymoron）は，その名称からして「鋭
　い」（oxus）と，「愚かな」（moros）という二つの相反する意味のぶつかり
　合いから成り立つ。「賢」と「愚」，「知」と「痴」の結合である。「暗黒の
　輝き」や「公然の秘密」（open secret）のように，正反対の意味が直接接合
　されて，なおかつ矛盾に陥ることなく，第三の意味が融合生成される。対
　義結合ともいう。

（瀬戸 1997, 58）

　2.　肯定と否定の連立
　　あるものが A であり，かつ A ではない。それこそ，文字通り典型的な
　《対義結合》の形式である。

（佐藤 1992b, 153）

　3.　両立しない二つの要素の結合
　　OXYMORON: The yoking together of two expressions which are semantically
　incompatible, that in combination they can have no conceivable literal reference to

---

2）本書では，意味の衝突の解消は意味の衝突を検出した後に行われるか否か，つまり意味
の衝突の解消の処理が直列的か並列的かについてはオープンな立場を取る。

reality: "my male grandmother"; "a true lie"; "a philatelist who doesn't collect stamps".

（Leech 1969, 132）

オクシモロンは，個々の表現の持つ矛盾の解決がどのように行われているかに依らず 1 種類の修辞表現として分類されている。この点については，森（2002）が（19）を例に挙げながら，解決の種類を次のように分類している。

(19) a. 公然の秘密
　　 b. 若年寄
　　 c. 慇懃無礼

まず（19)a のタイプでは，「秘密」を「偶数」のような厳密なカテゴリーと区別し，「公然」であるという特徴を持つ非プロトタイプ的な秘密を表すとしている。次に（19)b のタイプでは，「年寄り」の指す意味が本来の意味である「生まれてから相当の年数が経過している」という意味から比喩的拡張を起こしており，描写されている「若」い人物との矛盾が回避されているとしている。最後に，（19)c では，「慇懃」で表される「表面的な態度」と「無礼」で表される「結果的に与える印象」という違った視点から解釈されることで，矛盾が回避されるとしている。

　解決方法の分類には他にも考えられるが，ここで注目したいのはオクシモロンと比喩的な意味拡張が両立することである。「若年寄」を（江戸時代の役職のような専門用語ではなく）「若いが年寄りのように活発さがない」というような意味として解釈するならば，「年寄」はメタファーと捉えることができるだろう。本書では，メタファー的解釈は意味の衝突を回避する手段の 1 つと見ることができると述べてきたが，このような観点から見ればメタファーとオクシモロンが排他的でないと整理することができる。すなわち，オクシモロンとして認定される要因は主に意味の衝突の段階にあり，Cruse の分類で「背理」に概ね当てはまる必要があるが，衝突の解決方法は重要視されない。これに対し，メタファーは転義の種類であるため，意味の衝突はメタファー的解釈のきっかけの 1 つに過ぎず，その衝突の種類は問題視されな

い。このように，ある表現がメタファーであると見なす理由は，意味の衝突よりもむしろ衝突の解決方法にあるといえる。

4.1.3 ドメインマッピングとドメインの所在

　概念メタファー理論では，メタファーはソースドメインの概念をターゲットドメインへのマッピングして理解する能力だと考えられている。実際に概念メタファーが言語として具現化される場合，そのソースドメインとターゲットドメインがどのように決まるかということが問題になる。加えて，これまでの認知言語学のメタファー研究の主流では，ある概念メタファーに当てはまるメタファー表現の文例を挙げ，その文でどのソースドメインからどのターゲットドメインにマッピングが起きているかという説明が多くなされてきた。ここではもう少し射程を広げ，複数の文に含まれるメタファー表現のソースドメインとターゲットドメインについて，談話の理論からの仮説を立てることにする。

　まず，(17) を考察した際に示した通り，意味の衝突がありメタファー的解釈がなされる場合は，語彙項目の合成過程で精緻化される要素がメタファー的転義を起こす。図6最下段では "in" と "my argument" が統合され "in" のトラジェクターが精緻化されているが，このときに "in" の合成構造での解釈はソースとなる空間のドメインから，議論に関わる抽象的なターゲットドメインでの解釈に変化している。基本的に，ソースドメインはメタファー的に解釈される語彙項目の最もプロトタイプ的な意味や空間・身体的な意味だとされ，例示した合成構造中の "in" も同様である。ターゲットドメインについて考えると，上記の "in my argument" の場合，合成された語彙項目のうちの一方である "argument" に関わるドメインがターゲットとなっている。ここから，意味の衝突が起きている場合，合成される語彙項目のうち，どちらかのプロトタイプ的な意味がターゲットドメインの決定に寄与していることが推測できる。なお，このことは精緻化のプロセスを考慮しても妥当だと考えられる。なぜならば，複数の語彙項目が合成されるときに起こる精緻化では，一方の語彙項目が持つ精緻化に関与する要素は，ある程度どのような概念と対応関係を持つべきか決まっているが，もう一方の語彙項目

が持つ精緻化に関与する要素がそれにそぐわない場合，どちらか一方の事例化ドメインに合わせて解釈することは，両者と全く関係のないターゲットドメインを想定し，両者をソースドメインとは全く異なる意味で解釈するよりも自然だからである。

　また，意味の衝突を起こしていないメタファー表現では，どのようにターゲットドメインが定まるかという問題がある。例えば，Lakoff and Johnson (1980) は (20) を LOVE IS WAR という概念メタファーの言語表現であると例示している。

　　(20) He is known for his many rapid *conquests*.

(*ibid*., 49, イタリックは原文)

　ここでイタリックになっている "conquests" は，次の依存構造木 (21) において，特に意味の衝突を起こしている箇所はない。

　　(21)

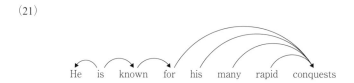

　実際，この文は "He" の指す人物が何者かということや，聞き手や読み手がその人物についてどのような知識を持っているかによって，"conquests" という語がメタファーと解釈されるか，字義通りと解釈されるかが異なってくる。例えば，歴史の教科書でアレクサンドロス3世について紹介している部分で (20) の文があれば，"conquests" は文字通りに解釈されるだろう。これに対し，いかにも軟派な男を指差しながら (20) と言った場合，"conquests" は恋愛対象を自分のものにするというメタファー的な意味で解釈されるだろう。以上の2つの解釈のように，字義的解釈もメタファー的解釈も可能な文があることは2.1.3で述べた通りだが，それに加え，戦上手で女性関係も派手な歴史上の人物についての書籍であれば，冗談めかした異義兼用として (20) を使うこともできるだろう。3.2.2で述べた通り，これは "He" の持つ指示的結束性によって修辞表現の理解が影響を受けるというこ

とも関与しているが，以下の要因により複雑な例となっている。まず，（12）
の例では，"The rock" の意味が文脈に含まれる代名詞によって異なる（生物
／無生物）ため，選択制限の違反が生じるか否かという違いが生じていた。
しかし，（21）について想定した解釈では，"He" の指示対象はいずれも人間
となっている。つまり，修辞的な解釈であるか否かは指示的結束性と選択制
限の違反のみによって決まるのではなく，指示対象となる個体に関する知識
や，「歴史」「恋愛」といったトピックが関与していると考えられる。このよ
うに，字義的な解釈も修辞的な解釈も可能な文については，談話トピックが
解釈に大きな影響を与えていると考えられる。

4.2　テクストにおけるメタファーの実現

　修辞学の立場からの研究では，メタファーはテクストにおいて一連の系列
として現れることが指摘されている（佐藤 1992b, 197）。一方，認知言語学の
立場からの研究は Semino（2008, 1.2.3）がテクストにおけるメタファーの実
現について，互いに排他的な分類ではないが，少なくとも 8 つのパターンが
見られると述べている。本項ではメタファーがどのように実現するかについ
て，複数存在するメタファー表現同士の関連，字義的表現との関連につい
て，談話的な要因という観点から明らかにする。修辞表現の分類としては以
下に述べる隠喩クラスターと異義兼用に焦点を当て，それらが本書の仮定す
る要因とどのように関わるかを考察する。
　まず，隠喩クラスターとは，佐藤（1992b, 197）がアレゴリーと呼ぶ修辞技
法で，「ひとつの隠喩から次々に同系列の隠喩をくり出し，たとえで話を進
める表現形式」[3]である。具体例として，佐藤は次のような隠喩クラスター
を挙げている。

3）佐藤はアレゴリーという用語についてこちらの意味を基本と考えているが，Crutius
（1954, 邦訳 11 章）で述べられている歴史的経緯や一般的な用法では寓意という意味で用
いられることが多く，佐藤自身もそれを認めている。本書では佐藤の定義している「同系
列の隠喩」という現象を扱いたいが，用語の混乱を避けるため隠喩クラスターと呼ぶこと
にする。

(22)「だいじにしていただいてゐるのは，よくわかりますわ。」と，波子は
　　　おとなしく答へた。心の戸を，半ばあけて，ためらつてゐる感じだつ
　　　た。あけきつても，竹原ははいつてこないのかもしれぬ。

　　　　　　　　　　　　　　　　　　　　　　　　　（川端康成『舞姫』）

　ここでは，最初に「心の戸」というメタファーが成立し，その後に「半ば
あけて」「あけきつて（開けきって）」「はいつて（入って）」という「戸」に関
連した語が現れ，一連のメタファーとなり典型的な隠喩クラスターを形成す
る。
　また，異義兼用とは次のような表現である。

　　　一回しか表記または発声されていない音声が二つの意味に兼用されてい
　　　る表現。これにはその音声が一つの語句としてのみ解される場合と二つの
　　　語句として解される場合がある。

　　　　　　　　　　　　　　　　　　　（佐藤，松尾，佐々木 2006, 175）

　具体例として，佐藤らは次の例を挙げている。

(23)　犬の世界で最も幅のきくのは各種の品評会の優勝犬と，この警察犬で
　　　ある。おれはこういう風潮をあまり好ましいとは思っておらぬ。なぜ
　　　かといえば，品評会も警察も人間の世界に属する催しであり，組織で
　　　ある。〔...〕したがって平吉のようにそう簡単に警察犬をありがたがる
　　　わけには行かないのだ。たかが**警察のイヌ**ではないか。
　　　（井上ひさし『ドン松五郎の生活 上』pp. 45-46，太字は佐藤らによる）

　ここでは，太字部の「警察のイヌ」が字義通りの意味「警察に所属する
犬」とメタファー的意味「警察の回し者」に兼用されている。この例の場合
は，片方の解釈のみが優先されて1つに決められるのではなく，2つの解釈
が両立している。
　これらは，いずれも文脈が重要な役割を果たす修辞技法である。(22)の
「あけきつても，竹原ははいつてこないのかもしれぬ。」や (23) の「たかが
警察のイヌではないか。」という文は，「警察に所属している犬」というよう

に所有の意味で解釈が可能であり，特に意味の衝突が起きているわけではな
く，「警察のイヌ」という単位での慣用句的意味も定着している。また，こ
れらを文脈抜きで解釈すれば，前者は字義的，後者は慣用句的な意味で解釈
する読み手が多いだろう。しかし，(22)や(23)のような文脈においては，
前者は隠喩クラスターとして，後者は異義兼用として解釈される。以下で
は，これらの修辞表現を理解する上で重要な文脈的要因は何かということを
具体的な文脈を通して考える。なお，分析に当たっては，2.3で紹介した結
束性，一貫性，談話トピックに加え，概念メタファーについても検討する。
これは，隠喩クラスターの定義に含まれる「同系列の隠喩」が概念メタ
ファーを通して捉えられるのではないかとの想定に基づいており，認知言語
学の立場からは，概念メタファーがテクスト中でどのように具現化されるか
を捉えることが動機となる。

4.2.1 隠喩クラスターの文脈

　管見の限り，隠喩クラスターでは同じドメインのメタファーが連続して用
いられるため，意味の衝突が起こらない文が含まれる場合が多く，テクスト
の一部分でその概念メタファーが重要な役割を果たしていると考えられる。
ここでは文脈が文の理解に果たす役割を観察するために，隠喩クラスターの
うち，文を単独で見た場合に字義通りにもメタファー的にも解釈が可能な例
を対象とする。以下では主に前方の文脈に着目し，文脈的特徴について述べ
る。

　まず分析対象とするのは，小説の一部(24)に登場する一連の隠喩であ
る。

(24) 自分のやりたいこと。

　　　就職活動のときには，わたしにもそれがわかっている気がしてい
　　　た。数多くの面接の場で，志望動機を何十回繰り返したことだろう。
　　　使ったこともなかったような立派な言葉を並べることに対して，はじ
　　　めは戸惑いや照れもあった。ひとりならまだしも，集団面接のときに
　　　は周りがどうしても気になってしかたなかった。でも人間には適応能

力という便利なものが備わっている。最後のほうは，大仰な回答を空で暗唱できるまでになり，感情豊かに抑揚をつけることすら覚えた。

就職活動を続けるうちに，やりたいことはだんだんわかってくる。

去年わたしも先輩にそう教わったし，その忠告はたぶん間違ってはいない。

確かにわかってくるのだ。ただ問題なのは，その「やりたいこと」が再びわからなくなるケースもありうるということだった。そしてその可能性について，少なくともわたしの場合には，誰も教えてくれなかった。**いつのまにか道に迷い，歩んできたはずの自分の足跡も見失ってしまっている。**

（瀧羽麻子『左京区七夕通り東入ル』p. 184，太字は筆者）

隠喩クラスターとなっているのは，太字部「いつのまにか道に迷い，歩んできたはずの自分の足跡も見失ってしまっている。」である。この文は，文脈を考慮せず単独で見た場合，字義通りにもメタファー的にも解釈できる。しかし，前方にある文を考慮した場合には，メタファー的解釈のみが可能な隠喩クラスターとなっている。つまり，太字部分の「道」「歩んで」「足跡」「見失う」といった表現は，物理的に存在する「道」「足跡」を指してはおらず，自分の肉体の一部である足を動かして「歩む」のでもなければ，視覚的に対象を「見失う」という解釈をされるわけではない。これらの言い換えの一例として，「道」は人生における選択肢，「歩んで」は人生を送る，「足跡」は自分の思考の軌跡，「見失う」はなぜそのように考えたのか分からなくなってしまった，と考えることできる。おそらく日本語母語話者の大部分は，特に迷うこともなくこのような解釈ができるだろうし，字義的な解釈の方は思いつくこともないだろう。

このような字義的かメタファー的か曖昧な文の解釈を支える要因として，まず前方の文に含まれる要素との結束性について見る。「道」「歩んで」「足跡」「見失う」を字義的に解釈した場合には，結束関係を持つ要素は見当たらない。一方，これらをメタファーとして解釈した場合，結束関係を持つ要素が見られる。例えば，これらについて先に述べたようなメタファー的解釈

をした場合には，「道」は「やりたいこと」，「歩んで」は第3パラグラフの「（就職活動を）続けて」，「見失う」は第4パラグラフの「わからなくなる」と結束関係を結ぶことができる。このように，（24）の隠喩クラスターでは，メタファー的な解釈をする場合の方が，字義的な解釈をする場合よりも結束的であるといえる。

　また，一貫性については，メタファー的な解釈をした場合の方が一貫性が高いと言える。太字部分の直前の文までは，「自分のやりたいことがわかってくる」「やりたいことがわからなくなる」ということについて語られており，「その」という代名詞の解釈まで含めれば，太字部直前の文においても「自分のやりたいこと」について語られていると捉えられる。代名詞の解釈まで含めた前提で直前の文と太字を引いた文の一貫性を考えると，メタファー的に解釈した場合にはそれまでの文で語られたことの総括と捉えることができるが，字義通りに太字部分の文を解釈した場合にはそれまでの文との関係性が考えられず，一貫性が低くなってしまう。つまり，これまで「自分のやりたいことがわかってくる」ということについて述べてきているという点で一貫していたが，字義通りに解釈した場合は「わたし」が物理的に道に迷う話になってしまい，突然関係のないことについて語ることになってしまう。これに対し，太字にした文をメタファー的に解釈した場合には一貫性を持つことになる。

　次に，談話トピックとの関連では，メタファー的解釈の方が談話トピックに沿っていると考えられる。（24）では，1行目の「自分のやりたいこと」とその後数文から推測できる「自分が仕事を通してやりたいことがわからない」を可能な談話トピックの1つとして考えることができるだろう。この談話トピックは，内容を読む限り太字部分直前の文まで連続していることがわかる。従って，太字部分の文もこの談話トピックに関わる談話の一部であると予測することは妥当だろう。この談話トピックのもとで太字部分の文を字義通りに解釈した場合，この文は特に談話標識も伴わず，突然主人公がどこかを歩いていて，文字通り道に迷ってしまったことについて述べることになり，唐突な解釈になってしまう。一方，メタファー的解釈をした場合には談話トピックに沿ったことについて述べていることになり，展開として違和感

を伴わない。また，個々の語の解釈の点からも，字義的解釈の場合はメタファー的解釈に比べ，想起しにくいものとなっている。

　最後に，ソースドメインとターゲットドメインについて述べると，このパターンは概念メタファー理論ではよく知られた LIFE IS JOURNEY（cf. Lakoff and Johnson（1980））と解釈することができる。ここでは，ソースドメインが旅に関するドメインであり，ターゲットドメインが人生に関するドメインとなる。ただし，ここで話題にされているのは就職活動という人生を決定する重要な部分ではあるが，人生全体というよりはその一部である。ソースドメインの推測に関しては，「道」「歩んで」など，転義的に用いられている語から特定可能である。一方，ターゲットドメインについては，LIFE IS JOURNEY というよく見られる概念メタファーからも推測可能かもしれないが，転義的に用いられている語と結束性を持つ文外の語や，談話トピックとも深い関わりを持つ。例えば，先に述べた「自分が仕事を通してやりたいことがわからない」という談話トピックの中で出現する「やりたいこと」「続ける」といった語は人生のドメインに関わる要素であり，これはそれぞれ「道」「歩んで」を旅のドメインに写像しメタファー的に解釈した場合に結束性を持つ。このように，ターゲットドメインに関わる要素は，テクスト中にすでに登場している。

　もう1つ同様の例を紹介する。小説の一部（25）は，「シンフォニー」という大手ショッピングセンター社員の父親が，小学生の娘に対して説明をしている場面である。ここでは，まだビジネスのことがよくわからない小学生の娘に対して，ビジネスを戦争に喩えるメタファーを用いて説明している。

（25）『シンフォニー』は開店セールが終わったあとも好調だった。
　　　　特にクリスマスセールは，東京でも品切れになっていた人気のゲームソフトをしっかり確保していたおかげで，予想以上の売り上げになったのだという。
　　　　「これが全国規模の会社の強みっていうやつだよ。なにしろ，ウチの店は重点戦略店舗になっているから，営業管理部のほうでも優先的に回すようにしてくれてるしな」

　　　セール終了の打ち上げで酔っぱらって帰ってきたお父さんは，上機
　嫌に言った。「ジューテンセンリャクテンポって，なに？」
　　　「要するに，アレだ，本社が大事にしてくれるお店っていうことだ
　よ。**ここの陣地をぶんどるまで，どんどんタマでも兵隊でも送り
　込んで，なにがなんでも戦争に勝つぞーっ，ってな**」
　　　「ちょっと，子どもの前なんだから，戦争なんて言い方やめてよ」
　とお母さんは嫌な顔をしたけど，張り切っているお父さんは「戦争だ
　よ，商売は戦争なんだよ」と譲らなかった。
　（重松清「いいものあげる」『ロング・ロング・アゴー』所収，pp.
　26-27，太字は筆者）

　　ここで太字部分の文は，単独で見た場合には字義通りにもメタファー的に
も解釈が可能である。しかし，文脈も考慮した場合には，メタファー的解釈
のみが適切となる。これを結束性の点から見ると，メタファー的には太字部
中の「タマ」を競争のための資源と捉えれば，これが2行目の「ゲームソフ
ト」の上位カテゴリーだと考えられ，結束関係にあることになる。また，字
義的には「送り込んで」が「回す」と同義語の関係にあり，結束関係にあ
る。ただし，この「送り込んで」は，太字部分の他の要素を字義的に解釈し
た場合でも，メタファー的に解釈した場合でも字義的に解釈される。

　　また，一貫性の観点で言えば，メタファー的解釈では直前の文で述べられ
ている店舗の特徴について詳述していることになり，「重点戦略店舗」につ
いて述べられている前方の文の内容の多くと関連性を持つ。一方，字義通り
「兵隊」「タマ」「陣地」を解釈した場合，これまで述べられてきた「父の会
社」に関わる文に沿わず，突然戦争について語ることになり一貫性のない文
となってしまう。

　　また，談話トピックの点でもメタファー的解釈の方が談話トピックに沿っ
ていると言える。ここでは談話トピックとして「クリスマスセールの打ち上
げを終えて帰ってきた父の話」も「重点戦略店舗の特徴」も可能だが，この
ような談話トピックからは，字義通り「陣地をぶんどる」「兵隊でも送り込
（む）」ことは考えにくい。このように，(24)，(25)では結束性，一貫性，

談話トピックという 3 つの文脈上の要素から見て，字義的な解釈よりもメタファー的な解釈の方が適切になる。従って，この文は単独で見た場合に字義的にもメタファー的にも解釈が可能だが，これらの要素によってメタファー的解釈が想起されやすくなっていると考えられる。

　最後に，ソースドメインとターゲットドメインに関して言えば，ビジネスに関することを戦争に関することで喩えているため，ソースドメインが戦争，ターゲットドメインがビジネスであると考えられる。実際，引用部の最後の文で「商売は戦争なんだよ」という表現があり，概念メタファーがはっきりと現れている。「商売は戦争なんだよ」という表現からも読み手はターゲットドメインを特定することが可能だが，メタファー表現が登場する以前にもターゲットドメインに関わる要素は現れている。つまり，問題となるメタファー表現が「ジューテンセンリャクテンポって，なに？」という問いに対する答えであることや，それ以前にも「売り上げ」「会社」「営業管理部」といったビジネスに関する語が登場する。なお，（25）で見られた「商売は戦争なんだよ」のような概念メタファーが言語表現となってテクストに現れるケースはしばしば観察される。

4.2.2 異義兼用の文脈

　本節では，異義兼用となっている表現とその前方の要素の特徴を分析する。なお，異義兼用で両立する 2 つの解釈は，字義的なものとメタファー的なものという組み合わせに限らないが，本書で紹介する例ではこの 2 つが両立している。次の例（26）は，犬が主人公の小説からの引用である。なお，下から 2 行目に登場する「平吉」も犬である。

　　（26）犬の世界で最も幅のきくのは各種の品評会の優勝犬と，この警察犬である。おれはこういう風潮をあまり好ましいとは思っておらぬ。なぜかといえば，品評会も警察も人間の世界に属する催しであり，組織である。その人間の催し物や組織を尺度に犬の値打ちをきめるのはおかしい。もし，人間のちからをそこまで認めるのなら，保健所の犬殺しの存在をも犬は容認しなければならぬことになるだろう。A犬は生か

72

しておいてよいがB犬は死ぬべきである，と犬の運命を犬ではなく人間が決めることに異議を申し立てたい，とつねづね考えている。したがって平吉のようにそう簡単に警察犬をありがたがるわけには行かないのだ。たかが**警察のイヌ**ではないか。

（井上ひさし『ドン松五郎の生活　上』pp. 45-46，太字は筆者）

　問題となるのは太字部分の文「たかが警察のイヌではないか。」である。先にも述べた通り，この文は字義的にもメタファー的にも解釈でき，単独で見た場合もテクスト中の文として見た場合も同様である。ただし，この文の場合「警察のイヌ」という慣用的な表現がもともと定着していることから，(24)，(25) で見たような例に比べ，文単独でもメタファー的意味は想起されやすいだろう。

　結束性の点では，字義的な解釈の方が結束的であると言える。まず，「警察」については，第3文に字義通りの「警察」が，また第3，4文に上位語の「組織」があり，これらは結束関係にある。「イヌ」については，第1，3，4，5文に字義通り用いられている「犬」があり，第1，7文の「警察犬」，第1文の「優勝犬」といった複合名詞が下位語にあたり，これらも結束関係にある。また，「警察のイヌ」という複合的なユニットについても，第1，7文に「警察犬」という類義語があり，字義通りの解釈の場合は結束的になる。一方，「回し者」といったメタファー的意味での「犬」（もしくは「イヌ」）はテクスト中に見当たらない。

　次に，一貫性の点からは，字義的解釈もメタファー的解釈も妥当だと考えられる。まず字義的解釈については，太字部分直前の文との対比という点を考えた場合に適切であると考えられる。なぜならば，直前の文中の「警察犬をありがたがるわけには行かない」ということに対して，「ただ警察に所属しているだけなので」という意味で「警察の犬」という表現を使い，根拠を述べていると捉えることが可能だからである。また，メタファー的解釈をした場合については，第1文から太字部分直前の文まで，主人公の犬が人間社会に対してあるべき犬の立場について述べる文が続いており，これに対して警察犬は人間社会に属する警察の回し者であり敵であるという対比が読み取

れる。

　また，談話トピックの点からも両方の解釈が可能であると考えられる。可能な談話トピックの1つとして「犬社会での地位を人間からの評価で決めることの不当性」が考えられるが，このトピックからは字義通り生き物としての「犬」と，不当な側に立つ者を表す慣用的な意味での「警察のイヌ」の両方が想起できるだろう。このように（26）においては，結束性の点からは字義的解釈が，一貫性と談話トピックの点からは両方の解釈が可能な文脈となっている。文単独では，メタファー的解釈がされやすいものの，両方の解釈が可能となっている。

　最後に，ソースドメインとターゲットドメインについては特定や区別が難しくなっている。通常，「警察の犬」の指示対象は人であることが多く，「嗅ぎまわる」といった行動や，「飼い主に忠実である」といった性格を持つ「犬」で人間の社会的振る舞いを喩えるために用いる表現であることが多い。しかし，（26）ではそもそも指示対象が犬そのものであり，振る舞いも慣用句的な意味での「警察の犬」と合致する。このため，もともと人の行動や性格を表すための慣習的なメタファー表現が，媒体（vehicle, cf. Richards（1936））である犬の行動や性格を表すために用いられている。通常，動物をソースドメインとするメタファーは動物メタファーと呼ばれ，Lakoff and Turner（1989, 166）の言う "The Great Chain of Being"（存在の大いなる連鎖）の中に位置づけられる。Lakoff and Turner の説によれば，動物メタファーとは一般的にある動物の本能的な行動を通して対象となる人間の性質を理解しようとするものである（*ibid.*, 195）が，（26）は犬の世界を描いた小説である。そのような作品において，「警察の犬」という表現が「嗅ぎまわる」「飼い主に忠実である」という犬の持つ本能的な性質を対象となる犬に当てはめるために用いられており，複雑かつユーモラスな用例となっている。文脈中にはメタファー的な意味を想起させる要素も，字義的な意味を想起させる要素も両方含まれているが，上記のような理由から（26）ではソースドメインとターゲットドメインという区別が困難である。

　もう1つ，厳密な異義兼用とは異なるが，ニュースサイトの記事（27）についても同様に，依存関係や結束性，談話トピックの観点から分析する。な

お，1 行目の "North Sea cod: Is it true there are only 100 left?" は記事のタイトルである。

（27）North Sea cod: Is it true there are only 100 left?

　　　If recent reports are to be believed, the North Sea cod's days are numbered. But should we believe these reports? What do the experts say about the numbers of fish that are left?

　　　The Daily Telegraph recently ran the headline: "Just 100 cod left in the North Sea". **It sounded fishy.** Trawlermen were furious.

　　　"It just makes my blood boil ‒ 100 cod in the North Sea?" fumes Brian Buchan, who's been fishing in the North Sea for more than 30 years. "More like 100 million cod in the North Sea."

　　　　　　　（http://www.bbc.co.uk/news/magazine-19755695，太字は筆者）

　問題となるのは太字部分中の "fishy" で，これは字義通りには「魚臭い」，比喩的には「胡散臭い」という解釈ができ，太字になっている文の解釈としては比喩的解釈が適切と言える。しかし，テクストの一部としてこの文を見た場合，"fishy" の字義的意味が想起され，ある種のおかしみを覚える。ただし，"It" が直前のテレグラフの見出しを指すため，（"It" の指示対象の解釈も含めた）文全体を解釈しようとすると，"fishy" を字義的に解釈するのはほぼ不可能だろう。このように，文としての解釈の適切性という点では，選択制限の違反が大きく影響している。

　これを結束性の点から見た場合，先行する文に "cod," "cod's," "fish" という語が含まれているため，これらは "fishy" と形態的に異なる語とその上位語という関係にある。非字義的に解釈した場合には "true," "believed," "believe," と反義関係にあるが，"fish" が含まれる文が間に入っているため，"fishy" は「魚っぽい」と字義通りに解釈した方が結束的である。しかし，太字部分の文では "It" の内容や動詞 "sounded" との関係から，文として "fishy" を「魚っぽい」という解釈をすることは不適切である。従って，最終的に文全体としての "fishy" は「胡散臭い」という意味で解釈され，"fishy" は "cod" など魚に関わる語と結束関係を持たない解釈になるが，文

脈から切り離して太字部分の文を読む場合には想起されない「魚っぽい」という意味が想起され，聞き手にある種のおかしさを覚えさせる。

　なお，一貫性の点で言えば，"fishy" という語を字義的に解釈することも比喩的に解釈することも適切だと言える。までの文では北海のタラの数についてのレポートに対する疑いについて言及する文が多く続いており，次の文は魚そのものに関して述べる文であっても魚の数の話について述べる文であっても適切だと考えられる。従って，語のみの解釈を問題とした場合，太字部分の文で "fishy" を解釈する際，一貫性という観点からはどちらの解釈も期待できるだろう。ただし，この文では文内の他の要素との関連から，「胡散臭い」との解釈のみが可能となる。

　最後に，談話トピックとの関わりでは，一貫性の場合と同様に "fishy" は字義的にも比喩的にも解釈が可能である。(13) では，タイトルとなっている "North Sea cod: Is it true there are only 100 left?" を談話トピックと捉えると，この談話トピック中の "fishy" という語は字義通りの意味も比喩的な意味も期待できる。これは，仮に記事のタイトルが "North pole bears: Is it true there are only 100 left?" いうタイトルであった場合を考えると明確になる。この場合には元の談話トピックの場合とは異なり，"fishy" について「魚っぽい」というトピックと関係のない解釈は想起されにくく，「胡散臭い」という比喩的意味のみが期待できると考えられる。

　なお，(27) の例について述べる際には「メタファー的」ではなく「比喩的」という表現を用いた。これは "fishy" の字義的な意味が「魚っぽい」であることは語形成と意味から明らかであるが，「胡散臭い」という意味がどのように派生したか明らかでないためである。したがって，(27) についてはメタファーであるかどうかの判断は現段階では不可能であり，ソースドメイン・ターゲットドメインについても立ち入らないことにする。

　結果として，(26)，(27) においては結束性から見れば比喩的な解釈の方が結束的で想起されやすいと考えられるものの，一貫性や談話トピックの点で見ればどちらの解釈も想起されるようなものとなっている。特に，(27) では意味の衝突を起こすような語義についても，結束性の点では違反している方を，一貫性や談話トピックの点では違反している方としていない方の両

方を想起させるような文脈になっている。そしてこの文では，"fishy'" について 2 つの意味が感じられる異義兼用となっている。ここでは，文単独では想起されないような意味が文脈により想起されるようになっていると考えられる。

4.2.3 異義反復と語彙的結束性

4.2.2 では，1 つの語について複数の意義が喚起される異義兼用について検討し，文内の依存関係の他にも結束性が修辞的な意味の理解に影響を与えることについて論じた。結束性が関わる異義兼用以外の修辞表現として，ここでは異義反復について取り扱う。

異義兼用が 1 つの語について複数の意味が喚起される修辞表現であったのに対し，異義反復ではある語が複数回使用されたときに，別々の意味で用いられることによりユーモラスな感覚や面白みが生じる修辞表現である。佐藤ら（2006, 164）では，「語句が反復され，それぞれで意味が異なる表現」と定義される。例えば，ベンジャミン・フランクリンが独立宣言の時に語ったとされる（28)a では，"hang" がそれぞれ別々の意味で 2 回出現し，独特の効果が生じている。また，(28)b のように，「も」や「だけ〜けど」によってより対照していることを明白にする場合もある。

(28) a. We must, indeed, all *hang* together, or assuredly we shall all *hang* separately.

（Sparks 1840: 408, italics added）

b. 例の首相は最近は影も**うすい**。**うすい**のは頭の毛だけだと思っていたけど。

（山梨 1988, 44，ボールドは筆者）

(28) において，最初の "hang" は「結束する」という意味で用いられており，2 つ目の "hang" は「首を吊られる」という別の意味で用いられている。なお，(28) では 1 つの文の中で同じ語が別の意義で反復されているが，異義反復という修辞表現の統語的単位は 1 つの文に限られない。

2.3.3 で述べた通り，語彙的結束性は同一の語彙や類義語が繰り返される

ことによって生じるが，それとは対照的に異義反復に関してはテクスト中で同一の語彙が別の意義で繰り返されることによって生じる。同じ語彙を繰り返すことによって結束性が生じるという Halliday らの主張では，おそらく同じ語彙を繰り返すことは同じ概念がテクスト中で繰り返されるためまとまりを生み出すと想定していると推測できる。しかし，異義反復の場合は同じ語彙を使っているにも関わらず，別の意義で用いられることによって意味的なまとまりが生じず，形式的に同じものが繰り返されているのみである。したがって，語彙的結束性が形式ではなく意味によって生じるのだとすれば，異義兼用の場合には「同じ」語彙を用いているにも関わらず結束性が生じないことになる。これは 2.3.4 で述べた「一貫性への期待」との関連で言えば，同じ語彙が繰り返し使用されることによって生じることが期待されていた結束性が生じないという「裏切り」によって起きると考えられる。次節では，一貫性への期待という観点から様々な修辞表現について考察する。

4.3　聞き手の期待との乖離

　ここでは，4.2 で行った分析を基に，文脈と修辞表現の理解の条件について考察を行う。4.2 では，隠喩クラスターと異義兼用の実例について結束性，一貫性，談話トピックといった概念を用いて分析を行った。まず隠喩クラスターの場合，文のみを単独で見た場合に字義的にもメタファー的にも解釈が可能な文内の要素は，メタファー的意味で解釈した場合のみ隠喩クラスター外の要素と結束関係を持つ。言い換えれば，隠喩クラスターの場合はまとまって現れているメタファー表現間では字義的解釈でもメタファー的解釈でも結束関係を持つが，それ以外の部分との関係においては，メタファー的解釈の場合に結束関係が生じた。また，一貫性と談話トピックの点から見ても，字義的解釈を想起しにくく，メタファー的解釈の方が適切な文脈となっている。また，隠喩クラスターではその定義上，メタファー表現がテクスト中にまとまって現れる。今回観察した例では，ソースドメインとターゲットドメインの双方がテクスト中に現れていた。本書では読み手がターゲットド

メインをどのように特定するかを追究しているが，少なくとも（24），（25）ではターゲットドメインに含まれる要素を表す語がテクスト中にまとまって登場したため，これが特定する上で有力な手がかりになると考えられる。加えて，（25）では「戦争だよ，商売は戦争なんだよ」と概念メタファーそのものが現れているので，読み手は容易に 2 つのドメインを特定することができる。

　一方，異義兼用の場合は，文中の異義兼用となっている要素について，字義的解釈をした場合に結束的となるような要素が先行する文に含まれていた。談話トピックの点では，字義的解釈も比喩的解釈も想起させるようなトピックとなっている。結束性の点では，字義的にも比喩的にも解釈可能な文の場合については，比喩的解釈のみが適切となる文が問題となる文の前に位置していた。

　上に挙げたような文脈的特徴は，メタファー的転義の関わる 2 種類の修辞表現，すなわち隠喩クラスターと異義兼用の違いに影響を与えていると考えられる。隠喩クラスターの場合にはどちらにも解釈が可能な文に対し，どちらか一方のみを想起させるような文脈が先行する文に含まれていた。一方で，異義兼用の場合には，一貫性と談話トピックから複数の解釈が想起可能なのに加え，結束性の点では異義兼用の含まれる文を文脈なしで解釈しようとした際に，想起されにくい意味と結束的になる要素が含まれている。このことは，文単独での解釈の傾向と文脈によって生み出される聞き手の期待に乖離があることを示していると考えられる。特に，（27）では，字義的解釈をした場合には選択制限の違反を犯すことになり，単独で見た場合には文の意味としての不適切さからもメタファー的な解釈のみが想起されると考えられるが，普通の場合には想起されない字義的意味が文脈によって想起され，この 2 つの意味が干渉し独特の効果を生み出していると考えられる。文脈による期待の通りの解釈になる隠喩クラスターは，字義通りの文を読むのと同様，いわば「普通」に読み進められるのに対し，異義兼用についてはどちらにも予想できるような文脈が整えられているため，文レベルでの解釈では不適切となる方の語義が想起されたままになり，隠喩クラスターと比べ異質な印象をもたらしていると考えられる。

4.4 テクストにおける意味の不変性の計量

本書では，修辞表現の理解に関わる要因は複数存在し，1つ1つの要因は必ずしも唯一の解釈を導かないと想定した。このことは，ある語の解釈を決定について単純な規則を立てることが困難であることを意味する。したがって，少数の例を観察し「条件 C の下で，ある言語表現 L はメタファーと解釈される」というルールを性急に導き出すのではなく，まずは「条件 C の下で，ある言語表現 L がメタファーと解釈される割合は $p\%$」であるというような，「傾向」を明らかにすることが重要になる。前項では，語彙的結束性を持つ語が同一テクスト内でメタファー的意味と字義的意味の両方で使われる場合，ユーモラスな効果が感じられるという異義兼用や異義反復について紹介した。このことから，1つのテクスト内では，ある程度1つの語が一貫した語義で用いられるということが前提となっており，その前提に反することでユーモラスな効果が生じる場合があるという仮説を立てることができる。そのような期待の基礎が成立しているか否かを検証するため，本項では量的な観点からメタファーと結束性の関係を調べ，あるテクストの中で1つの語が複数回出現したときに，その意味が一貫している（「一貫している」の定義は後述）割合を明らかにする。

テクストにおける語彙項目（特に名詞類）の修辞的用法と結束性の関係については，少なくとも次の2通りの研究方法が考えられる：

　（ⅰ）ある指示対象（より広くは概念内容）が，テクストを通じてどのような語彙項目によって表現されるかを追跡する
　（ⅱ）ある語彙項目やその派生語彙が，テクストを通じてどのような指示対象（より広くは概念内容）を表すかを追跡する

このうち（ⅰ）は，テクスト中に現れる様々な形式について，読み手や聞き手がどのように概念的，意味的な繋がりを与えるかという問題である。(24) の例で言えば，ある種の概念が「やりたいこと」で表現されたり，「道」で表現されたりしているが，この場合は形式面で異なる表現について，

読み手が類似した概念内容を想起する。このとき「道」はメタファー的に解釈されており，聞き手が「道」について「やりたいこと」の概念内容に近い解釈をすることで，語彙的な結束性を生み出している[4]という見方ができる。これは，ある対象を言語で表現するとき，状況に応じた形式の選択がどのようになされるか，という問題を研究する上で重要である。このような研究自体の基盤には，修辞表現を対象とはしていないものの，名詞句による指示対象の導入と省略による同一指示対象について *topic continuity*（トピック連続性）という概念を導入した Givón（1983）や，テクスト内での同一指示語の分布を調べた砂川（2005）による研究がある。Halliday and Matthiessen（2014, 606）の言う *referential chain*（指示連鎖）も同じ興味の対象の研究と見ることができる。本書で観察した隠喩クラスターや異義兼用と結束性の関係は，このような同一指示語の分布や指示の連続性という研究についても，メタファーやメトニミーを始めとした転義を考慮する必要があることを示唆している。

　一方，(ii) はテクスト中に現れるある形式やその派生形が，一貫して（ほぼ）同じ概念内容を表し続けるか否か，という問題である。具体的には，4.2.2 で見たように，「犬（イヌ）」が複数回出現した場合や，"fish"，"fishy" のような語が同じテクストに出現した場合，一貫して互いに関連した語義で用いられるかということである。4.3 で考察したように，読み手は 1 つの語彙項目や，その派生語彙が同じテクスト中に登場した場合，同じ語義で用いられている（似通った概念内容を表している）という期待を持っていると考えられるため，このような観点からの研究も必要である。本項では，(ii) に上げた語義の連続性について，コーパスを用いた計量を行う。

4.4.1 語義の一貫性とその基準

　個別の事例についての質的なアプローチとは異なり，量的アプローチでは大量の事例を客観的な方法で取り扱う。したがって，データと計量方法については自ずと制約が発生するため，以下ではデータについての情報及び，計

4）ここでは，語彙的結束性について想起する概念間の関連が強ければ結束性が生まれるものと考える。

量方法の基礎とする語義の一貫性の基準について記述する。まず，データは the Vrije Universiteit Amsterdam Metaphor Corpus（VUAMC, Steen et al.（2010））と呼ばれるメタファーコーパスを使用した。これは約 20 万語からなる BNC baby のサブコーパスに人手でメタファーに関するアノテーションを施したものであり，academic, news, conversation, fiction という 4 つのジャンルで構成されている。メタファーの認定については MIPVU と呼ばれる手続き（詳細は Steen et al.（*ibid.* Ch. 2）を参照）に基づいて行われており，創造的なメタファー（29）a と死喩（29）b では斜体部が共にメタファーとして区別なくアノテーションされている。

> （29） a. The backs were mainly pedestrian but the fundamental problem lay elsewhere. Apart from Kevin Moseley's steady supply from the line-out, was nothing much to commend in a Welsh forward effort which reverted to the very worst Eighties stereotype of static, *donkeys* only too willing to slow the game to walking pace.
>
> （VUAMC: a1n-fragment09, italics added）

> b. Tiphook, which yesterday unveiled a 124 per cent increase *in* half year profits to £10million, hopes the court will block SeaCo's purchases of its own shares.
>
> （VUAMC: a8u-fragment14, italics added）

　本書でも VUAMC を対象とした研究（4.4.2 で特に断りのない場合）については，この区別に従い創造的比喩・死喩を区別せずメタファーとして扱う。本書では書き言葉を対象としているため，上述の 4 ジャンルのうち spoken を除外し，さらに残りからアノテーションの欠損があると思われる 1 テクスト[5]を除外した計 92 テクストを使用した。

　一方，計量方法については，1 つのテクスト内である 1 つの語を複数の意義で用いることが語彙的結束性に対する期待を裏切ることになるという仮説の下，次のような場合に語の使用がテクスト内で「一貫して」いる（*consis-*

5）b1g-fragment02

tent, 本書の他の部分では *coherent* の訳としているが，4.4 ではこの意味で用いる）
とし，どの程度の割合で語義が一貫しているかを調査した。

> あるテクスト *t* において，あるレンマ *l* が複数回使われている場合，*l* の
> 語義が全てメタファーであるか非メタファーであるかについて同一のとき
> に「一貫して」いる，そうでない場合に「一貫していない」とする。
> また，語義が一貫するかどうかについての傾向を，単純に「語義（の）
> 一貫性」と呼ぶことにする。

なお，本書ではデータとして VUAMC を用いるため，意義の区別はメタ
ファー的，非メタファー的の2値となる。したがって，"sake" のような同綴
異義語（「利益」および「酒」の意味）については区別することができず，レン
マが異なるメタファー的意味で用いられている場合についても区別すること
はできない。また，VUAMC はメタファーコーパスであり，修辞表現に関し
てはメタファーか否かの情報しか含まれていないため，メトニミーなど他の
修辞表現についても非メタファーのカテゴリーに含まれている。

4.4.2　語義の一貫性についての調査

4.4.1 で述べた一貫性についての基準をもとに，VUAMC でテクストごと
の語義一貫性について，品詞別に調査を行った。対象とした品詞は名詞，動
詞，形容詞，前置詞とし，それぞれの特定は VUAMC の元コーパスである
BNC baby のタグ[6]に従って行った。計量は品詞ごとの語義の一貫性の調査
を目的とし，以下のような手順に従った。まず，品詞ごとにあるテクスト t_i
において，2回以上出現するレンマが一貫しているかどうかを調べた。続い
て，t_i において語義が一貫しているレンマの総数を $L_{consistent}$，語義が一貫し
ていないレンマの総数を $L_{inconsistent}$ とした。さらに，コーパス内のすべての
テクスト t_i について語義が一貫しているレンマの割合（$L_{consistent}$ /（$L_{consistent}$ +
$L_{inconsistent}$），ここでは「一貫性比率」と呼ぶ）と，それらの平均と標準偏差を算
出した。この手続きを図に表すと図7のようになる。

6）具体的なタグの分類については付録を参照。

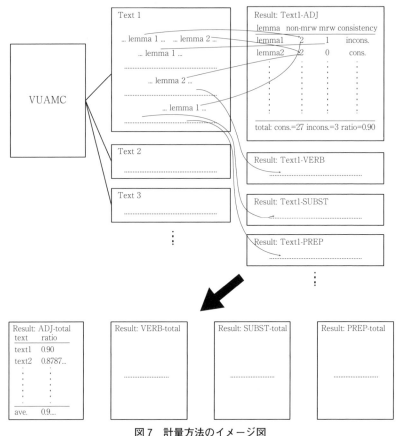

図7 計量方法のイメージ図

表1 品詞別の語義一貫性

品詞	テクスト数	一貫性比率（平均，（標準偏差））
形容詞	87[*]	0.93（0.076）
前置詞	92	0.58（0.15）
名詞	91[*]	0.95（0.044）
動詞	92	0.79（0.11）

注：[*]を付したものは，同一の語彙が2回以上出現しなかったテ
クストを除いた数値であることを示す。

計量の結果を表1と図8-図11に示す。表2から，平均については名詞と
形容詞が90％以上の一貫性比率を示し，多くの場合に1つのテクストで語

84

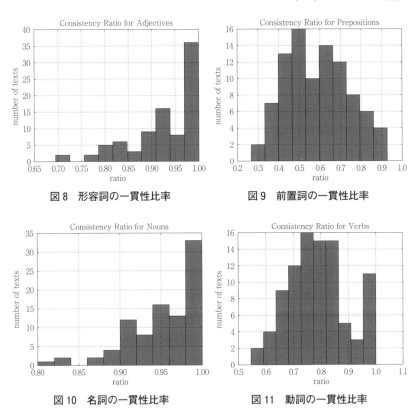

図8 形容詞の一貫性比率

図9 前置詞の一貫性比率

図10 名詞の一貫性比率

図11 動詞の一貫性比率

表2 語義一貫性についての品詞
別多重比較

品詞ペア	t 値
名詞—形容詞	1. 31
名詞—前置詞	11. 6 ***
名詞—動詞	9. 12 ***
形容詞—動詞	8. 08 ***
形容詞—前置詞	11. 1 ***
動詞—前置詞	8. 22 ***

注：*** $p < 0.001$

義が一貫していることがわかる。また，動詞も 79％と若干割合は落ちるも
の，概ねテクスト内での語義が一貫していると言える。これらに対し，前

置詞は平均 58％ と，他の品詞に比べ一貫性比率は落ちる。また，品詞間の一貫性比率に有意差があるかどうかを調べるため，ノンパラメトリック検定法である Steel-Dwass 法による多重比較を行った。その結果，名詞—形容詞以外のすべてのペアで有意差が見られ，品詞別の一貫性比率は名詞・形容詞＞動詞＞前置詞ということが示唆された。詳細な結果を表 1 に示す。

4.4.3 テクストにおける語義のマネジメント

4.4.2 では，品詞ごとに語義一貫性比率について明らかにした。その結果，名詞や形容詞では 9 割超，動詞では約 8 割と，この 3 つの品詞については概ねテクスト内の語義が一貫していることが明らかになった。8-9 割という結果から，直感的には短いテクストにおいては内容語の意味は概ね一貫していると考えることができるが，これは読み手がテクスト内における語の意味がメタファー的であるか非メタファー的であるかについて，ある程度一貫していると期待することへの傍証となる。また，このような期待を裏切ることと別の条件が重なることで，異義反復のような効果が生じると考えられる。裏を返せば，語義が一貫していないからと言って，必ずしもユーモラスな効果や違和感が生じるわけではないため，語義が一貫していない場合，どのように語義の曖昧性が解消されているかを調べる必要がある。

1 つのテクスト中で語の非メタファー的・メタファー的使用が混在している場合，それぞれの語がどのような環境に置かれているか考察する。なお，今回抽出した例は新奇なメタファーとして使われているものの 1 つにすぎず，必ずしも代表性があるとは限らないことに注意して頂きたい。分析対象とするのは，ニュースのジャンルに含まれていたテクスト a9j-fragment01 の一部（30）a-c である。このテクストには "block" が 5 回出現し，うち 2 回が非メタファー的，3 回がメタファー的使用である。(30)a では 2 つとも字義的に用いられており，(30)b, c では 3 つともメタファー的に用いられている。

（30） a. Bloody clashes would occur whenever armoured units raided these
villages, storming through make shift defensive road **blocks** and to rocks

being thrown with live bullets and tear gas; but no sooner would these army units be gone than authority would revert to the village residents. Palestinian flags would be raised on minarets and church spires, road **blocks** would again be erected, and life in all its aspects would once again be run by the local leadership.

b. The struggle reflects a revolution in mass consciousness, by which people have come to realise that ideas and aspirations must be embodied in manifest acts if reality is to be changed. Thus, wherever one looks, one finds people engaged in the construction of the **blocks** that will make up the Palestinian state. It is a conscious effort. The masses are being engaged in the craft of state-masonry.

c. In general, our policy should be to proceed with building our state **block** by **block**, without waiting to be given a gift of it through negotiations. We should regard negotiations rather as the means by which we could establish formal agreements between our state and Israel. Such agreements can range from the issue of borders to the issue of free wave-lengths for our future television and radio networks.

（VUAMC, "a9j-fragment01" より抜粋，太字は筆者）

　上記のテクストは，"Intifada" と呼ばれる，占領に対する人民（people）による非武装の革命についての記事である。(30)b, c では，A STATE IS A BUILDING とでも呼べるようなメタファー写像が起きている。ここでは，これらについて意味の衝突と談話トピックの両方から分析する。まず，"block(s)" が記号合成される過程について述べる。(30)a では，いずれも "road" と合成され "road blocks" という形式で現れている。また，字義的解釈を妨げる要素は文中には含まれていない。(30)b では "blocks that will make up the Palestinian state" という関係節の先行詞になっている。ここでは，関係節内の目的語の主要部である "state" によりメタファー的解釈が引き起こされていると考えられる。"construction of the blocks" という名詞句の一部にもなっているが，名詞句内部では字義的解釈もメタファー的解釈も両立する。(30)c では，"block by block" という副詞節で現れており，これは "building our state（block by block）" という行為を修飾している。ここでも，副詞句が修飾する行為 "building" の目的語 "state" により，メタファー的解釈が引き起こされていると考えられる。一方，談話トピックの面から考えると，まずテクスト全体で話題になっていることは，パレスチナで "Intifada" という運動を通した国家の建設運動である。この流れで言えば，(30)b, c はこのトピックの内容として適切だと思われる。一方，(30)a はパレスチナの惨状を描写した部分で，トピックとなっているのは武力衝突によって起きた被害である。ここでは "blocks" の他にも "armoured units"，"rock"，"bullets"，"minarets" など，物理的な存在について述べられている。

　このテクストでは "block" という語が字義的意味とメタファー的意味の両方で用いられていたが，これらが混在していても異義兼用・異義反復のような効果をもたらさなかった理由の一部としては，以下のことが考えられる。まず，字義的な使用があった部分とメタファー的な使用があった部分が離れていたことである。換言すれば，(30)a, b の間には 6 つのパラグラフがあるため，この間に述べられている内容により干渉が起き，以前の使用でどの意味であったか記憶が薄れるということ[7]である。また，これは談話トピックの管理とも関わりがあり，(30)a では武力衝突があったという導入によって物理的な事象について述べられるだろうという予測が可能だろう。全体のトピックからターゲット領域は国家の樹立に関わることだと予想できるので，建築に関することはソース領域と推測できると考えられる。一方，コロケーションや修飾関係は局所的な理解に関わっていると考えられる。(30)では，すべて字義的な意味の "block" は "road block" という形式で現れるのに対し，メタファー的な意味の "block" は "road" を伴わずに現れる。今回は複合語が重要な役割を果たしていると考えられるが，語の修飾は曖昧性の回避のために取りうる戦略の 1 つを利用していると捉えられる。

7）心理学的にはワーキングメモリやプライミングなどと関わるだろう。

実世界のオクシモロン②

　コラム①では日常的にも馴染み深い表現を使ったオクシモロンを紹介したが，今回は矛盾を孕む専門用語を紹介する。取り上げるのは専門家にとってはしっくりくる用語なのか，専門家にとっても奇を衒った感じのする用語かは定かではないが，非専門家からすれば矛盾して見える用語である。なお，専門用語なので該当する分野での正当性については門外漢の私に判断できるものではないため，正確な知識については各専門分野の文献を参照されたい。

　一時話題になったのでご存知の読者もいるかもしれないが，まず取り上げたいのが昆虫の和名についての事例である。池田（2013, 1.1）によれば，ハムシの仲間で体に多くの棘を持つ「トゲトゲ」と呼ばれる昆虫がいる（現在は「トゲハムシ」と呼ばれることが一般的とのこと）。しかし，トゲトゲの仲間であるにも関わらず棘のない種類の昆虫が見つかり，「トゲナシトゲトゲ」と名付けられた。加えて，同様の経緯で命名された「トゲアリトゲナシトゲトゲ」「トゲナシトゲアリトゲナシトゲトゲ」についても述べられている。同書によれば，学名は変えられないため慎重に決められるそうだが，和名は自然言語であり，個人の好みの問題で用いられるとのことである。同書には詳しい名付けの経緯も記載されているので興味のある方はご一読することをおすすめする。

　実際に言語学的視点で見ても，これらの例は日本語の規則を忠実に守っている。日本語は主要部後置型に分類される言語で，名詞類を作るには最後に来る名詞が主要部になり，意味的には名詞類全体として指し示すカテゴリーとなる。「トゲナシトゲトゲ」の例で言えばたとえ棘がなくても「トゲトゲ」の仲間だということを示している。そして名付けの経緯は分かっていても字面上の矛盾が気にかかる，というのも一般的な自然言語のオクシモロンと同様の現象である。ちなみに矛盾を理由に「トゲナシトゲトゲ」は「ホソヒラタハムシ」と呼ばれることもあるそうだが，前掲書の著者である池田先生はそれを無粋と評している。

　一方，機械学習（いわゆる人工知能）の分野では LSTM（Long Short-Term Memory, Hochreiter and Schimidhuber 1997）と呼ばれるアルゴリ

トゲトゲ（フタイロトゲハムシ）

トゲナシトゲトゲ
（フタイロホソヒラタハムシ）

トゲアリトゲナシトゲトゲ
（ベニモントゲホソヒラタハムシ）

❶トゲはあってもなくても「トゲトゲ」の仲間　体長は5〜7ミリメートル。
（「トゲトゲ」「トゲナシトゲトゲ」「トゲアリトゲナシトゲトゲ」（池田
2013，巻頭カラーページ））

ズムが存在する。Hochreiter と Schmidhuber によれば，リカレント
ネットワークと呼ばれるアルゴリズムで少し前のイベントの表現を保存
するためにフィードバック結合を利用していることを "short-term
memory" と呼び，これはゆっくりと重み付けを行う "long-term
memory" と対比される。"Long Short-Term Memory" は short-
term memory を利用するリカレントネットワークに改良を行い，1000
ステップ以上という長い時間間隔を超えて学習を行えるようにしたとの
ことである。細かい仕組みについては筆者には理解しきれないが，非専
門家にとっては字面からは記憶が長いのか短いのかよくわからないネー
ミングである。

　最後は学問の世界を離れて自動車業界の用語を取り上げる。車の購入
を検討したことのある人であれば，ビッグマイナーチェンジという用語
を目にしたことがあるだろう。車のモデルチェンジには大きく分けてフ
ルモデルチェンジとマイナーチェンジがある（よく考えるとマイナーと対
にするのであればメジャーチェンジのはずである）。完全な新型モデルに切り
替わるフルモデルチェンジに対し，マイナーチェンジでは一部のデザイ
ンや機能が変更されるが，大幅なマイナーチェンジのことをビッグマイ

ナーチェンジと呼んでいるようである。「メジャーマイナーチェンジ」
を敢えて避けて作った用語なのかは定かでないが，車のモデルチェンジ
に関しては「ビッグ」も「メジャー」も似たような意味になるので矛盾
して感じられることに変わりはない。

参考文献：
池田清彦. 2013. 不思議な生き物──生命 38 億年の歴史と謎. 東京：
角川学芸出版
Hochreiter, Sepp and Schmidhuber, Jürgen. 1997. Long Short-
term Memory. *Neural computation*. 9.

第 5 章

メトニミーの理解

　前章では，メタファーや，メタファーに関わる修辞表現について論じたが，本章ではメタファーと並んで代表的な修辞表現であるメトニミーについて第 3 章で提示した要因との関わりを論じる。メトニミーは換喩とも呼ばれる比喩の一種で，「ふたつのものごとの隣接性にもとづく比喩」（佐藤 1992a, 140）と定義される。この「隣接性」の関係とは具体的に言えば「隣接性・近接性，共存性，時間的な前後関係，事象の因果関係など」（山梨 2015, 16）であり，瀬戸（2007, 51）では 33 種類の関係を分類している。また，メトニミー表現が成立するためには，近接性があれば良いというわけではなく，際立ちの差が必要だとされている（谷口 2003, 126-28）。例えば，「容器で内容物を指す」パターンは一般的に見られるものの，「内容物で容器を指す」という逆のパターンは，一般的には稀である。本章ではこのような性質を持つメトニミーの理解について，まず選択制限の違反や語彙項目の精緻化の関係といった，文の内部に含まれる依存関係に焦点を当てた分析を行い，隣接関係をもとにした転義を理解する時のメカニズムについて述べる。次に，メトニミーの参照点とターゲットがどのように特定されるかを明らかにするため，実際のテクストを分析する。分析は前章と同様に質的・量的双方の観点から行い，質的分析によってメトニミーの理解過程とメトニミーが現れる局所的文脈について示し，量的分析によってテクスト全体におけるメトニミーの分布について明らかにする。

5.1 意味の衝突とメトニミーの理解

意味の衝突がある場合，何らかの形で解決しなければ奇妙な解釈になってしまう。前章では，衝突を解決する手段としてメタファー的解釈があり，そのメカニズムについて述べたが，意味の衝突を回避する手段にはメタファーの他にメトニミーも含まれる。本節では，主に認知文法の理論を基にメトニミーの理解のメカニズムについて述べる。

5.1.1 アクティヴゾーンの乖離と参照点構造

Langacker（1993）は，メトニミーの基本的なメカニズムが参照点（R, reference point）とターゲット（T, target）の関係によって規定できるとしている。例えば，（31）では，「鍋」という際立って知覚される部分（i.e. 参照点）を手がかりにして，「鍋に入っている食べ物」というターゲットが認定される。この際，記号の合成過程において最も直接的に関係を結ぶ部分構造の一部はアクティヴゾーンと呼ばれる。

(31) 鍋が煮えている。

アクティヴゾーンとプロファイルが乖離しているメトニミーの場合，その表現には意味の衝突が含まれることが多いと考えられる。例えば，（31）では，「煮え（てい）る」という動詞のトラジェクターとして，容器そのものとしての「鍋」は不適であり，意味の衝突が起きる[1]。が含まれる表現で意味の衝突が起きていると言うものの，メトニミーには定着している表現も多い。そのため，必ずしも意味の衝突を意識するわけではなく，むしろメトニミーだと気づかない場合の方が多いだろう。

結束性（特に省略によって生じる結束性）の観点からは，山梨（1992）によっ

---

1) なお，アクティヴゾーンとプロファイルが一致した解釈が可能な場合も存在する。「赤ペン」のような例では，プロファイルとアクティヴゾーンが一致している解釈（ペン全体が赤く，インクの色も赤い）と，アクティヴゾーンがずれた解釈（ペン本体の色は赤くないが，インクの色が赤い）も可能である。

て研究されており，山梨（2015, 55-56）では次のような例を挙げている。

　（32）おいしそうなドンブリ$_i$を受け取った瞬間に（Φ$_i$）割ってしまった。

　（32）では，文頭の修飾語である「おいしそうな」を理解している文脈では，「ドンブリ」は中身の食べ物を意味しているが，ゼロ照応詞（Φ）を含む後続文脈ではドンブリの容器の意味に変化している。このように，一度しか登場していない語彙項目についても，喚起される概念的意味は様々である。修飾関係や省略などを考慮すれば，参照点を通じて喚起されるのは参照点かターゲットのどちらか一方ではなく，両方であると考えられる。

5.1.2 メトニミーと品詞，文法的単位

　本節の冒頭で，メトニミーの基盤には，隣接性・近接性，共存性や時間的な前後関係や事象の因果関係があると紹介した。伝統的な修辞学では時間的な前後関係や事象の因果関係によるメトニミーを，狭義のメトニミーとは別種の修辞技法と捉えて転喩（metalepsis）と呼ぶことがある（cf. 佐藤・松尾・佐々木（2006, 3.10））。また，現代のメトニミー研究においても，*referential metonymy*（指示的メトニミー）と *propositional metonymy*（命題的メトニミー）と呼んで区別する立場も存在する（Warren 2006）。

　このような区別について本書で取り扱う理由は，このような区別が意味の衝突を基盤とするか否かに強く関わるからである。まず，意味の衝突とこの区別の関係について概念的な側面について述べる。メトニミーの基盤となる隣接性・近接性，共存性といった関係は 2 つ以上の要素，特に認知文法で言うモノ（thing）の間に成り立ち，これらはプロトタイプ的には名詞として言語化される。一方で，時間的な前後関係や事象の因果関係といった関係は 2 つ以上の事態（event）の間に成り立ち，事態は基本的に動詞として言語化される。（cf. Langacker（1991, 4.1.3））に，精緻化の観点から述べると，名詞と動詞が合成構造を作る際は，基本的に名詞が動詞を精緻化し，このときの主要部は動詞である。このため，動詞が転義的に用いられている場合は動詞が表す事態のみが関わる転義であるのか，（認知文法的な用語としての）補部となる名詞や，事態を精緻化しているその他の語彙項目も転義に関わっているの

かを考えなければならない。換言すれば，参与者に依存的であるイベントの前後関係や因果関係が問題になる場合，参与者を含む動詞句の表すイベントが転義的か，動詞の表すイベントのみが転義的かを考慮する必要がある。

　例えば，次のメトニミーと転喩の例では，転義的に用いられている統語レベルが異なっている。

　（33）私は昨日，漱石を読んだ。

　（34）織田信長は，天文 3 年に尾張で産声を上げた。

（33）では，「漱石を読んだ」という部分の「漱石」が著者で作品を表すメトニミーとなっている。「漱石」は人名であり，「読む」という動詞の目的語としては不適であり，この動詞句について読み手は字義通りの解釈以外の解釈をする必要がある。この文の場合は，結果的に「漱石」という名詞が隣接性に基いて作品を指すメトニミーになっており，動詞の「読む」については字義通りの意味で解釈される。これに対し，（34）では，「産声を上げる」という動詞句が因果関係に基いたメトニミーになっており，「生まれる」という意味で用いられている。「産声を上げる」という動詞句では，「上げる」という語が物理的な意味ではなく，慣習的なメタファーになっているものの，子供が誕生するときのいわゆる「おぎゃあ」という声を発するという意味で解釈することに問題はない。これが「生まれる」というメトニミー（あるいは転喩）として解釈される場合，「産声を上げる」という事態から「生まれる」という事態を連想する必要があり，「産声」や「上げる」のどちらか片方のみがメトニミー的な意味として解釈されるわけではない。

　ただし，意味の衝突が起こっていない表現におけるメトニミーが，全て転喩的に解釈されるわけではない。

　（35）私はシェークスピアが好きだ。

（35）では，意味の衝突は起こっていないが，少なくとも 2 通りに解釈できる。1 つは「私」が「シェークスピア」という人物そのものを好きだという字義的解釈で，もう 1 つは「シェークスピアの作品」が好きだというメト

ニミー的解釈である。この（35）は動詞句以上の単位が隣接性に基いて理解される（34）と異なり，「シェークスピア」という名詞（句）のみの解釈が問題となっている。ミクロレベルの要因の話からは少々外れるが，（35）についての2つの解釈の要因は文脈の影響を受けると考えられる。談話レベルの要因としては，特に談話トピックの影響を受けると考えられ，「シェークスピア」が生きている時代を舞台にしたテクストにおいて「『私』の身の回りの人間関係」が談話トピックになっている場合は，（35）を字義通りに解釈するのが自然だろう。一方，「文学作品についての評価」が話題になっている場合，（35）はメトニミー的に解釈する方が自然だと考えられる。もちろん，談話トピックだけでなく，第4章で見たように結束性も影響を与えると考えられ，事前に人間を指示対象とする名詞が多ければ字義通り，文学作品を指示対象とする名詞が多ければメトニミー的な解釈が優勢になるだろう。

　また，転喩の例として「産声を上げる」の場合は「生まれる」という事態が起きたときに，殆どの場合「産声を上げる」という事態も続いて起こり，「産声を上げる」という事態があったことは偽ではない。しかし，（36）のように「筆を折る」という表現を「作家活動をやめる」という意味として解釈する場合，特に現代の作家について言う場合には「筆を折る」という行為が実際に起こったとは考えにくい。

　（36）2000年頃から続く出版不況のために，多くの作家が筆を折ってしまった。

　（36）を前後関係に基づくメトニミーと考えた場合[2]「筆」という名詞の表す筆記用具そのものや「折る」という動詞の表す行為といった，個別の語が持つ字義通りの意味は文全体の最終的な解釈には含まれない。過去の文化で「筆を折る」という行為と「作家活動をやめる」という行為に密接な関係があった時代には，（34）のように個々の構成要素の概念内容も実世界の行

2）実際に字義通りに筆を折らない場合，「筆」は「文章を書くための道具」というシネクドキと捉えることもできる。この場合，「折る」も字義通りではなく，「壊す，機能を失わせる」というような比喩的意味になる。

動に即していたが，現代では書くための道具が筆からコンピュータになった
ため，実際に筆を使わず，道具が「折る」ことのできないものになってい
る。しかし，筆に関する知識が話者から完全に失われたわけではないため，
「筆を折る」という表現の字義的な意味から「作家活動をやめる」という行
為を想像することは可能である。この場合，「筆」「折る」という個々の語と
いうよりは，「筆を折る」という動詞句全体の表す事態の字義的内容が「作
家活動をやめる」という意味へのアクセスを可能にしていると考えられる。
このような例は，メタファー的意味やメトニミー的意味が定着していくプロ
セスとも密接に関わるだろう。定着のプロセスについては，次の 5.1.3 で取
り扱うことにする。

5.1.3 転喩と意味の衝突

（33），（34）で見たように，転喩の場合は字義通りの解釈が必ずしも間違
いとは言えず，字義通りの内容から推論した意味が因果関係や時間的な前後
関係を基盤としたメトニミーになる場合が多い。字義通りの解釈が間違いで
はない場合，特に，文単位で字義通りに解釈しても間違いではない場合に，
転喩は語用論の問題と関わってくる。佐藤（1992b）は（37）が様々に解釈可
能だとして，可能な解釈の例として（38）の 4 つを挙げている。

（37）太郎はしあわせな男だった……

（38）a. 彼はいま不しあわせだ……
　　　b. 彼もとうとう死んでしまったか……
　　　c. 彼は死んでよかった……
　　　d. 彼はおろかなやつだった……

（*ibid.*, 110）

もちろん，可能な解釈は（38）の 4 つに限られるわけではなく，他にも存
在する。佐藤（*ibid.*, 111）は，このように「多様な転義的解決」が可能な文
について，「こんにち哲学者や言語学者たちがプラグマティクス（中略）と
いう名のもとに研究している，発言をめぐる諸問題と，むかしのレトリック

が《転喩》と名づけていた言語現象とは，すこぶる近い関係にある。」と述べている。

　このように，意味の衝突を含まないメトニミーは，意味の衝突を含むメタファーと比べ，メトニミーの一種と認定してよいか判断が難しい場合がある。因果関係や時間的な前後関係についてはイベント同士を比較することになるため，言語としてコード化されるときには節以上の単位になることが多く，必然的に発言の意図などを考慮する必要性が高くなる。

　また，次のような転喩の例（39）について，山梨は語用論的な意味の定着のプロセスについてのモデルを提唱している。

　　（39）筆をおく，亡くなる，土俵を去る

（山梨　2004, 92-93）

　図 12 は，問題の言語表現の 1 次的な意味（M_i）が失われ，2 次的な意味として解釈されていた語用論的意味（M_j）が慣用化されていくプロセスを表している。（39）に挙げた例は図 12（iv）の段階にあり，通常は 2 次的な意味のみが発話（U）のターゲットとなっている。本書では，この基本的な説明に加え，図 12（i）～（iv）の揺らぎがあることを想定する。また，（i）～（iv）はこの図では離散的に表現されているが，本書では定着の進行度は連続的であると解釈する。

　例えば，事前に情報を与えられない状況であっても，死喩の場合は（iv）の解釈パターンになり，2 次的な意味にアクセスできる。これに加え，本書ではテクスト中で 2 次的な意味での使用が繰り返されることで比喩的な意味が定着し，テクスト中の最初の使用では（i）のパターンだったものが，（ii）や（iii），場合によっては（iv）まで慣用化されると考える。また，日常的な言語使用では（iv）の段階まで定着している表現についても，特定の文脈の下では 1 次的な意味も喚起されると想定する。山梨は元々，発話レベルの現象としてこの慣用化のプロセスを説明しているが，（39）のような表現の説明にも使われているため，句レベルの意味についてもこの説明が適用できると考えてよいだろう。また，5.2.3 で詳しく扱うが，ある語である概念を指すことをテクスト中で定義することも考えられる。この場合は，自然に定

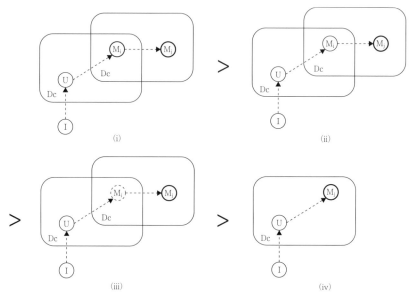

図12　語用論的な意味の慣用化プロセス（山梨 2004, 93-94）

着していくよりも（i）～（iv）までのプロセスがより早く進むと考えられる。

5.1.4 百科事典的知識と「死んだ」メトニミー

　一般的に，死喩（*dead metaphor*）と言えば，「机の脚」に含まれる「脚」のように，中心義と比較してメタファー的転義が見られるものの，その転義的意味が定着して新規性が感じられなかったメタファー表現のことである。同様に，メトニミーについても「死んだ」メトニミーが考えられる。例えば，「鍋が煮えている」「今日の鍋はおいしい」といった時の「鍋」は容器としての「鍋」そのものではなく，鍋に入った料理を指すメトニミーである。このような「鍋」のメトニミー的意味は十分に定着しており，日本語と日本の文化に熟達した話者であればこのような意味の違いに新奇性を感じない。

　このような「死んだ」メトニミーの意味の推定には，話者の持つ百科事典的意味や日常生活に関する文化的知識が関わっていると考えられる。日本の文化では一般的に，机の上にコンロを置き食材を入れた鍋を火にかけ，それ

を囲んで多人数で味わうという行動が生活の中に定着している。このような知識を持った話者にとって、「鍋」という語からは容器の意味以外にも，上述したような料理の一種としての「鍋」や，それを囲んで食べるイベントとしての「鍋」はコミュニケーションの現場における情報ではなく，話者が人生の中で繰り返し遭遇して定着した知識であり，そのようなフレーム的知識には容易にアクセス可能である。このような隣接性は，「メガネ」で「メガネを掛けた人物」を表すような，特定の個体に当てはまるような隣接性ではなく，その場の状況をコミュニケーションの参与者が共有しなくても成立する。実例は 5.2 で詳しく述べるが，「鍋」の例では特定のインスタンスではなく，タイプを指す段階でもターゲットにアクセス可能であるが，「メガネ」から「メガネを掛けた人物」にアクセスするには，「メガネを掛けた人物」という「人物」のインスタンスの存在を，コミュニケーションの参与者が共有していなければならない。

　これらの前提は，メトニミーにおけるアクティヴゾーンを決定する要因は何かという問いに関わる。5.1.1 で見た通り，アクティヴゾーンは参照点となる言語表現のプロファイルが起動するドミニオンに含まれるターゲットの中から選ばれる。「死んだ」メトニミーの場合のように，参照点とターゲットの隣接性が話者の百科事典的知識から容易に推測可能な場合，ターゲットは参照点となる言語表現が起動するドミニオンに含まれる場合が多いと考えられる。換言すると，特にコミュニケーションの参与者間で前提が共有されていなくても，「死んだ」メトニミーの場合には百科事典的知識によってデフォルト的にドミニオン内に含まれるが，創造的なメトニミーの場合や，特定のインスタンスにしか当てはまらないような隣接性の場合は，デフォルトではターゲットがドミニオン内に含まれず，何らかの手段でコミュニケーションの参与者で隣接性に関する情報が共有されていなければならないということである。

　本項では，文以下のレベルや話者の持つ百科事典的知識に基づくメトニミーの理解メカニズムについて述べた。次項では，上述した隣接性がテクスト内でどのように構築されていき，どのようにアクティヴゾーンが同定（*identify*）されるかということを中心に議論する。

5.2　テクストにおける隣接関係の構築

　前項で見たように，メトニミーの基盤となる隣接関係については，隣接性・近接性，共存性，時間的な前後関係，事象の因果関係など，様々な関係が含まれる。また，メトニミーと品詞の関係については，名詞と動詞句のメトニミーを中心に，どのような文法単位がメトニミー的意味で用いられているかということを議論した。本項では，名詞のメトニミーに焦点を当て，主に隣接関係のうち隣接性・近接性，共存性がどのようにテクスト内で明示されるか，また，実際に個別のインスタンスについてのメトニミーがどのようにテクスト内で使用されるかを，人物の特徴で人物を指すメトニミーを中心に観察し，テクストレベルで修辞表現の研究をすることの重要性を示す。

5.2.1　隣接関係の所在

　5.1.4 では，「メガネ」で「メガネを掛けた人物」を指すメトニミーのように，特定のインスタンスの特徴によるメトニミーがあることについて述べた。このような特定のインスタンスに関わる情報は，予めコミュニケーションの参与者の間で共有されていなければならないが，本書で分析の中心とする書き言葉，特に小説やニュース記事といったジャンルでは，参与者同士に個人的な面識はなく，共有されている情報も社会に広く流布している一般的な知識であり，身近な人間の間で起きた個人的な出来事に関する情報ではない。このような状況で特定のインスタンスに関するメトニミーを成立させるには，まずテクストの中で隣接関係を示し，特定のインスタンスに特定の特徴があることを共有しなければならない。参照点構造の観点から述べれば，上記の事柄はドミニオンやターゲットがどのようにして制限されるかという問題につながる。

　参照点とターゲットの関係については，参照点はターゲットより際立っていなければならない（Langacker 2008, 84）ことを除き，管見の限り明示的な制約に関する記述は見当たらない。ある表現の適切性を参照点構造で説明しようとする場合，際立ちの他にターゲットがドミニオンに含まれるか否かとい

う問題を考えなければならない。例えば，「ヘッドホンのインク」という表現は，少なくとも文脈が与えられなければ両者の関係が理解出来ないだろう。これは際立ちの差というよりも，「ヘッドホン」という概念が喚起する別の概念の中（つまり，認知スコープ）に，「インク」という概念が含まれていないためであると考えられる。しかし，メトニミーの中には通常では参照点から喚起されないような概念でも，ターゲットになる場合が存在する。また，ドミニオンに含まれる複数のターゲットの候補から，どのようにして最終的なターゲットを絞り込むかという問題も存在する。このような問題の解決には，文脈が大きく関わっていると考えられる。以下では身体的特徴で人物を指すメトニミーを対象に実例を分析し，どのようにメトニミーの基盤が成立するかを見る。また，ターゲットを絞り込む過程に文脈がどのように関わっているかを説明する。

　まず，人物の特徴が明示的に表現される例を挙げる。

(40) 硝子戸の明く音がしたので，わたくしは亭主と共に見返ると，これも六十あまり。頬のこけた**禿頭**の貧相な<u>男</u>が汚れた縞の風呂敷包を店先に並べた古本の上へ卸しながら，「つくづく自動車はいやだ。今日はすんでの事に殺されるところさ。」
「便利で安くってそれで間違いがないなんて，そんなものは滅多にないよ。それでも，お前さん。怪我アしなさらなかったか。」
「お守が割れたおかげで無事だった。衝突したなア先へ行くバスと円タクだが，思出してもぞっとするね。実は今日鳩ヶ谷の市へ行ったんだがね，妙な物を買った。昔の物はいいね。さし当り捌口はないんだが見るとつい道楽がしたくなる奴さ。」
　　禿頭は風呂敷包を解き，女物らしい小紋の単衣と胴抜の長襦袢を出して見せた。小紋は鼠地の小浜ちりめん，胴抜の袖にした友禅染も一寸変ったものではあるが，いずれも維新前後のものらしく特に古代という程の品ではない。

（永井荷風『濹東綺譚』，太字と下線は筆者）

(41) 正午ちかく，警察のひとが二人，葉藏を見舞つた。眞野は席をはづし

た。

　ふたりとも，脊廣を着た紳士であつた。<u>ひとりは短い口鬚を生や</u><u>し</u>，ひとりは鐵緣の眼鏡を掛けてゐた。**鬚**は，聲をひくくして園とのいきさつを尋ねた。葉藏は，ありのままを答へた。**鬚**は，小さい手帖へそれを書きとるのであつた。ひととほりの訊問をすませてから，**鬚**は，ベッドへのしかかるやうにして言つた。「女は死んだよ。君には死ぬ氣があつたのかね。」

　葉藏は，だまつてゐた。

　鐵緣の眼鏡を掛けた刑事は，肉の厚い額に皺を二三本もりあがらせて微笑みつつ，**鬚**の肩を叩いた。「よせ，よせ。可愛さうだ。またにしよう。」

　鬚は，葉藏の眼つきを，まつすぐに見つめたまま，しぶしぶ手帖を上衣のポケットにしまひ込んだ。

　その刑事たちが立ち去つてから，眞野は，いそいで葉藏の室へ歸つて來た。

（太宰治『道化の華』，太字と下線は筆者）

　（41）では，下線部「禿頭の貧相な男」という表現で「男」の頭は「禿頭」であるという特徴が明示されている。この文を読んだ段階で，読み手はある特定の「（貧相な）男」と「禿頭」が部分─全体関係にあるという情報が手に入る。したがって，最後の太字部「禿頭」を最初の「禿頭」と同一指示と解釈すると，この「禿頭」は「（貧相な）男」の一部であると解釈が可能になる。最後の「禿頭」は「風呂敷包を解き」「女物らしい小紋の単衣と胴抜の長襦袢を出して見せた」という2つの節の主語となっているが，風呂敷包みを解くことができるのも，着物を取り出して見せることができるのも頭ではなく人間であるため，これらの節に含まれる主動詞のアクティヴゾーンとなるのは「禿頭」という参照点を経て特定された「（貧相）な男」というターゲットである。一般的に，毛髪が少なくなるのは男性であることが多いので，百科事典的知識を基に「禿頭」から「男」にアクセスすることは可能であるが，「貧相な男」というターゲットにアクセス可能なのは，最後の「禿頭」が最初の「禿頭」と同一指示であり，特定の「禿頭」と「貧相な男」の

隣接関係が構築されていることが必要である。このように，特定の「禿頭」が起動するドミニオン内に「貧相な男」が含まれているため，特定のインスタンスへのアクセスが可能であると考えられる。

　また，（41）では，最初に「警察のひとが二人」登場し，一人は「短い口鬚を生やし」ており，もう一人は「鐵緣の眼鏡を掛けて」いることが描写され，人物とその人物の特徴の間にある隣接関係が明示される。このとき，二人の警察の人について，一人ずつ外見的特徴が述べられ，個別のインスタンスに別々の特徴が付与されている。その後，「鬚」は「聲をひくくして園とのいきさつを尋ねた」「小さい手帖へそれを書きとる」「ベッドへのしかかるやうにして言つた」「葉藏の眼つきを，まつすぐに見つめたまま，しぶしぶ手帖を上衣のポケットにしまひ込んだ」の主語になっていたり，眼鏡を掛けた刑事が「髭の肩を叩いた」りしている。上記の表現で「鬚」を主語に取る動詞はいずれも人を主語に取ることを予測させるため，字義通り解釈すると意味の衝突が起こるが，これらはいずれも「鬚」を短い口鬚を生やした刑事と解釈するメトニミーによって回避される。これらのメトニミーでは百科事典的知識を基に「鬚」から「成人男性」へと部分―全体関係を基にアクセスできるが，「鬚」から「刑事」へとアクセス可能なのは，先行する文で特定の鬚と特定の刑事の隣接性が明示され，取り調べという文脈で「鬚」の行為が刑事の行う行為として妥当だからである。また，「髭の肩を叩いた」という表現についても，鬚―男性―肩という関係は必ずしも連想不可能ではないが，文脈を考慮せずにこの表現を含む文のみを見ると，メトニミーとしても不自然である。（41）では先行する文章で「鬚」と刑事の一人の部分―全体関係が既に確立されており，「鬚」で刑事の一人を指すメトニミー自体も何度も用いられているため，容易に鬚―男性―肩という参照点/ターゲットの連鎖が可能であると考えられる（cf. 5.1.3）。

5.2.2 名詞のメトニミー：タイプとインスタンス

　（40），（41）で挙げた例は，両方とも人物の特徴で人物を指すメトニミーであった。の理解過程に参照点からターゲットへの心的アクセスが関与していると捉える場合，参照点はターゲットよりも際立って（salient）いなけれ

ばならない。何を持って際立っていると言えるかということは，状況や発話者の意図によって異なるだろう。しかし，（40），（41）の場合は複数の人物がいる状況で，特定の人物を指すために用いられているという共通点がある。

　タイプとインスタンスという観点から考えると，（40），（41）の状況では，同じ「人」というタイプのインスタンスが複数存在している。ここのメトニミーは，人物の持つ特徴で人物を表すメトニミーだが，ここで使われている特徴は全ての人物が共有する特徴ではない。「禿頭」は全ての男が持つ特徴ではないし，「鬚」も全ての警察官が持つ特徴ではない。一般に，同タイプのインスタンス同士は多くの特徴を共有している。あるタイプに属するインスタンス同士で共有されている特徴とは別の，特定のインスタンスのみに関する特徴は，固有名の場合を除き1つの名詞だけでは表せないと考えられる。つまり，（40）の場合は問題の「男」というインスタンスが「禿頭である」という特徴は「男」だけでは表せず，（41）の場合は「ひと」は（「警察のひと」でも）「鬚を生やしている」や「眼鏡をかけている」という特定のインスタンスに関する特徴を表すことができない。複数の同タイプのインスタンスを区別したいときには，区別したいインスタンス同士が共有していない特徴，より細かく言えば，指示したいインスタンスが持っているが他のインスタンスが持っていない特徴を言語表現として使用するという手段を取ることができる。したがって，あるインスタンスに対する適切な言語表現（つまり，字義通りの表現）があっても，同タイプの別インスタンスが複数存在する場合，その名詞では特定のインスタンスを指示したいという要求を満たすことができなくなる。これを回避するには複合名詞を用いたり，修飾するという手段があるが，これらの手段では表現を長くすることになり，冗長になってしまう。また，直示などの方法を取ることもできるが，コミュニケーションの参与者が同じ場所にいないなど，何らかの障害がある場合も考えられる。これに対しメトニミーの場合は，精緻化の際にアクティヴゾーンの乖離は解消しなければならないものの，特徴のみを表す言語表現を用いることで簡潔に表現することができる。（40），（41）のメトニミーは，複数同タイプのインスタンスが存在する中から特定のインスタンスを繰り返し指したい

が，そのインスタンスの固有名がわからない状況下で，短い言葉で簡潔に表すという機能を持っている。

また，インスタンスを指すメトニミーとして，メトニミーを用いたあだ名が考えられる。(40)，(41) では，特定のインスタンスを指すためにメトニミーが用いられていたが，あだ名を付けると明示されてはいなかった。これに対し，(42) では，「あだなをつけてやった」という記述と共に，メトニミー的な名付けが行われている。

(42) 今日学校へ行ってみんなにあだなをつけてやった。校長は狸，教頭は赤シャツ，英語の教師はうらなり，数学は山嵐，画学はのだいこ。

(夏目漱石『坊っちゃん』)

ここでは，校長，教頭をはじめ，主人公が赴任した学校で働く教員に対して，主人公があだ名をつけている。「狸」「山嵐」といったメタファー的なあだ名の付け方も見られるが，ここで取り上げる「赤シャツ」は，隣接性に基づいて，際立ちの高いもので別のものを指すメトニミー的命名である。

なお，教頭と赤シャツの隣接性は，(42) の少し前の次の文章によって示されている。

(43) 挨拶をしたうちに教頭のなにがしと云うのが居た。これは文学士だそうだ。文学士と云えば大学の卒業生だからえらい人なんだろう。妙《みょう》に女のような優しい声を出す人だった。もっとも驚いたのはこの暑いのにフランネルの襯衣《しゃつ》を着ている。いくらか薄《うす》い地には相違《そうい》なくっても暑いには極ってる。文学士だけにご苦労千万な服装《なり》をしたもんだ。しかもそれが赤シャツだから人を馬鹿《ばか》にしている。あとから聞いたらこの男は年が年中赤シャツを着るんだそうだ。妙な病気があった者だ。当人の説明では赤は身体《からだ》に薬になるから，衛生のためにわざわざ誂《あつ》らえるんだそうだが，入らざる心配だ。そんならついでに着物も袴《はかま》も赤にすればいい。

(夏目漱石『坊っちゃん』，二重山括弧内はルビを表す)

「坊っちゃん」の舞台は明治時代であり，「驚いたのはこの暑いのにフランネルの襯衣《しゃつ》を着ている」という記述からも，暑い中シャツを着ること自体が，このテクストの世界で際立ちの高い属性であることが伺える。加えて，「しかもそれが赤シャツだから人を馬鹿《ばか》にしている。」という記述から，シャツが赤色であることは更に際立つ属性であることがわかる。また，「赤シャツを着ている」という属性は一時的なものではなく，テクスト中で「この男は年が年中赤シャツを着る」と書かれている通り，「教頭」に対して日常的に当てはまることが記述されている。これに対し，「教頭」の本名は「教頭のなにがし」という表現で曖昧にされている。(40)，(41)の状況とは異なり，メトニミーの指示対象となる人物は赴任先の教頭であるため，当該人物の本名は語り手である「坊っちゃん」にとって入手できない情報とは言えない。そのため，「教頭のなにがし」の指示対象となる人物を表す手段は，人物の特徴と深く関係する「赤シャツ」の他にも，固有名詞である本名と役職である「教頭」が考えられる。上記の3つはいずれも複数の「人物」のインスタンスを弁別するのに十分だが，この中でも「赤シャツ」というメトニミーは，(42)で並列されているメタファー的なあだ名と同様，指示対象の人物の性格や個性を表す上で，主人公の主観として際立った特徴だと言えるだろう。

5.2.3 テクストで生じるメトニミーの定着

佐藤（1992a, 140-42）は，あだ名をレトリック現象の原始形態だと位置づけ，そのあだ名がメタファーに基づくにせよメトニミーに基づくにせよ，名付けの動機が生き生きと感じられる初期の段階にのみ，ことばのあやとなるとしている。同様に，佐藤は周囲の人々がそのあだ名を用い始め通用するようになれば，そのあだ名はほぼ本名並みの名称となり，ことばのあやではなくなると述べている（*ibid.*, 141）。小説ではこのようなあだ名によって人物が指されることがしばしばあり，佐藤の主張するように定着を経て「普通」の名称のように用いられるが，定着した後はテクストを通じて字義的な意味が全く喚起されないというわけではない。以下では，小説を対象にメトニミーに基づく名付けとその定着，およびテクストを通じた字義的／メトニミー的

用例の分布，および字義的意味の「復活」が起こる場合について述べる。

　5.2.2 では，「赤シャツ」というメトニミーを用いたあだ名について述べた。このようにメトニミーに基づく（本名ではない）名付けは，メトニミーの語用論的定着と並行して考えることができる。「鍋」で「鍋の中の料理」を指すメトニミーのような，一般的な意味での語用論的定着を経た多義語は，特定のインスタンスに限らずメトニミー的な意味で用いることができる。これに対し，特定のインスタンスをメトニミーによって指す場合，ターゲットと参照点の隣接性がまず書き手／話し手と読み手／聞き手の間で共有されなければならない。つまり，小説のように会話と比較して情報の発信者と受信者の共有知識が乏しい状況では，特定のインスタンスについての情報も共有されていない場合がほとんどであるため，比喩表現に関する語用論的定着のプロセスの段階についてはゼロの状態から始まる。(40)，(41) では明示的にどの人物をどのように呼ぶか宣言されていなかったが，(42) では「あだなをつけてやった。(中略) 教頭は赤シャツ」という表現で「教頭」というターゲットと「赤シャツ」という参照点の関係を宣言している。一見すれば，一旦このような名付けを行うと参照点の字義通りの意味は背景化され，ターゲットのみが喚起されるようになると思われる。これを語用論的定着のプロセスになぞらえると，一挙に最初の段階から最後の段階への移行を示すような変化である。しかし，一般的な語用論的定着のプロセスと同様，ターゲットが強く喚起される傾向は見られるものの，必ずしも字義通りの意味が背景化されたままではなく，語の置かれた環境によっては字義通りの意味も喚起される場合がある。言い換えるならば，これまで説明されてきた語用論的定着が百科事典的知識のレベル，一般的な知識レベルで定着したものだとすれば，ここで提唱するのはあるテクストで即興的に作られる「オンラインでの語用論的定着」と呼ぶこともできるだろう。以降，このことについて「坊っちゃん」全編に渡って出現する「赤シャツ」の観察を通じて明らかにする。なお，特に断りのない限り，以降 5.2.3 での例文は「坊っちゃん」からの引用である。

　「坊っちゃん」に出現する「赤シャツ」という語は (43) が最初であり，小説を通じて計 168 回出現する。上述の通り，この「赤シャツ」は字義通り

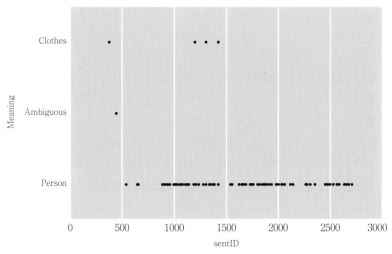

図13 「坊っちゃん」に出現する「赤シャツ」の意味の分布

には特定の赤い衣服を指すが，当該小説中では「教頭」を指すあだ名として
も用いられている。168回出現する「赤シャツ」の意味の分布を図示する
と，以下のようになる。

　図13で，個々の点は「赤シャツ」が文中に出現することを表し，縦軸の
"Clothes" は衣服としての赤シャツ，"Person" は人物（＝教頭），"Ambiguous"
はどちらか決めがたい意味であることを示す[3]。それぞれの意味の頻度は，
"Clothes" が 5 回，"Ambiguous" が 1 回，"Person" が 162 回であった。
（"Clothes" の最初の2回は（43）に出現する2例であり，近接して出現するため図中
では第500文未満に1つの点として表示されている。），横軸は文番号を示し，文
の分割は読点（。）または改行によって行った。なお，途中に含まれる中見
出しは1文としてカウントした。データは青空文庫[4]から取得し，ファイル
冒頭に記載されているタイトルと注，および末尾の底本に関する情報はカウ
ント対象外とし，本文のみを分析対象とした。1文中に2回以上「赤シャ

3）メトニミーを記号合成やアクティヴゾーンの観点から見た場合，語単位ではなく合成構
　造でメトニミー的な意味が生じることは先に述べた通りであり，「赤シャツ」という語自体
　が人物を指すという記述は必ずしも適切ではないが，ここではあだ名ということもあり便
　宜上このような分類を行う。
4）http://www.aozora.gr.jp/index.html

ツ」が出現する場合もあるが，今回観察したデータでは文中で異なる意味の
「赤シャツ」が出現していた例は見られなかったため，図には 1 つの点とし
て表した。なお，"Ambiguous" は（42）中の「あだなをつけてやった。（中
略）教頭は赤シャツ」のみである。

　図 13 から読み取れる通り，「赤シャツ」はほとんど教頭を指すために用い
られており，衣服としての意味で用いられるのは合計 5 回で，最初に出現し
た後は第 1001-1500 文の範囲に見られるのみである。当該小説において，
「赤シャツ」はあだ名として用いると宣言されており，それ以降では人物を
指す表現として定着していると考えられる。当然のことながら，最初に出現
する時は「赤シャツ」と「教頭」の隣接関係を構築する過程であったため，
「赤シャツ」は字義通りの表現として出現する。一方で，「赤シャツ」があだ
名であると宣言された後でも，字義通りの意味が復活して用いられることが
ある。あだ名として用いると宣言された後に字義通りの意味で用いられる例
は次の 3 つである。意味を理解しやすいよう長めに引用したため以下のテク
ストでは複数回「赤シャツ」が含まれるが，衣服として用いられている例を
太字で示した。

（44）a. 山嵐と名を指さないにしろ，あれほど推察の出来る謎《なぞ》をか
　　　　けておきながら，今さらその謎を解いちゃ迷惑だとは教頭とも思えぬ
　　　　無責任だ。元来ならおれが山嵐と戦争をはじめて鎬《しのぎ》を削
　　　　《けず》ってる真中《まんなか》へ出て堂々とおれの肩《かた》を持
　　　　つべきだ。それでこそ一校の教頭で，**赤シャツ**を着ている主意も立つ
　　　　というもんだ。
　　　　b. 赤シャツは琥珀《こはく》のパイプを絹ハンケチで磨《みが》き始
　　　　めた。この男はこれが道楽である。**赤シャツ**相当のところだろう。
　　　　c. すると赤シャツがまた口を出した。「元来中学の教師なぞは社会の
　　　　上流にくらいするものだからして，単に物質的の快楽ばかり求めるべ
　　　　きものでない。その方に耽《ふけ》るとつい品性にわるい影響《えい
　　　　きょう》を及ぼすようになる。しかし人間だから，何か娯楽《ごら
　　　　く》がないと，田舎《いなか》へ来て狭《せま》い土地では到底｜暮

《くら》せるものではない。それで釣《つり》に行くとか，文学書を読むとか，または新体詩や俳句を作るとか，何でも高尚《こうしょう》な精神的娯楽を求めなくってはいけない……」

　だまって聞いてると勝手な熱を吹く。沖《おき》へ行って肥料《こやし》を釣ったり，ゴルキが露西亜《ロシア》の文学者だったり，馴染《なじみ》の芸者が松《まつ》の木の下に立ったり，古池へ蛙《かわず》が飛び込んだりするのが精神的娯楽なら，天麩羅を食って団子を呑《の》み込むのも精神的娯楽だ。そんな下さらない（原文ママ）娯楽を授けるより**赤シャツ**の洗濯《せんたく》でもするがいい。

（「｜」はルビの区切りを表す。）

　(44)a, c では，「赤シャツ」がそれぞれ「着ている」「洗濯」と依存関係にあることから衣服であると読み取ることができる。また，(44)b では，「赤シャツ相当のところだろう。」という文で主語を補い「（パイプ磨きは）赤シャツ相当のところだろう。」と解釈することが可能であり，としてのパイプを磨く行為が趣味として赤シャツを着ることに相当すると解釈できるため，衣服に関係した趣味[5]であるとわかる。

　このように，一旦人物を指すと宣言された語彙項目でも，依存関係や省略された主語によっては字義通りの意味として解釈される場合がある。これらは主に依存関係によって字義通りの意味が喚起される例だが，"Person" に分類した例の中には，節を超えたレベルで判断しなければ（＝依存関係的に距離が近い範囲で見ると）「赤シャツ」の字義通りの意味の方が強く喚起される場合がある。

　(45) a. 萩野《はぎの》の婆《ばあ》さんから，山嵐が，うらなり君のために赤シャツと談判をしたと聞いた時は，それは感心だと手を拍《う》った。この様子ではわる者は山嵐じゃあるまい，**赤シャツの方が曲ってるんで**，好加減《いいかげん》な邪推《じゃすい》を実《まこと》しやかに，しかも遠廻《とおまわ》しに，おれの頭の中へ

---

5) 厳密には，衣服を着るという趣味を指しているため，"Clothes" というラベルは不適切だが，ここでは "Person" 以外での使用が少ないため，"Clothes" に含めた。

浸《し》み込《こ》ましたのではあるまいかと迷ってる矢先へ，野芹川《のぜりがわ》の土手で，マドンナを連れて散歩なんかしている姿を見たから，それ以来赤シャツは曲者《くせもの》だと極《き》めてしまった。

b. 正面からは受け留めにくいが，おれはもう赤シャツに対して不信任を心の中《うち》で申し渡してしまった。下宿の婆さんもけちん坊《ぼう》の欲張り屋に相違ないが，嘘は吐《つ》かない女だ，**赤シャツのように裏表はない**。おれは仕方がないから，こう答えた。

c. 赤シャツはおれ等の行為《こうい》を弁解しながら控所《ひかえじょ》を一人ごとに廻《まわ》ってあるいていた。ことに自分の弟が山嵐を誘い出したのを自分の過失であるかのごとく吹聴《ふいちょう》していた。みんなは全く新聞屋がわるい，怪《け》しからん，両君は実に災難だと云った。

　帰りがけに山嵐は，**君赤シャツは臭《くさ》いぜ**，用心しないとやられるぜと注意した。

（45）a では，「赤シャツの方が曲がってるんで」という表現が見られるが，この従属節のみを見れば「赤シャツ」と「曲がってる」という語は両方とも字義的な意味として解釈できる。しかし，このテクストでは「赤シャツ」があだ名であることは明らかであり，主節の内容との関連から「赤シャツ」が人物を指し，「曲がってる」がメタファー的な意味だと解釈する方が妥当だとわかる。また，（45）b では，「赤シャツのように裏表はない」という部分のみを見た場合，字義通りに解釈できる。この文（「下宿の～裏表はない。」）は文法的には 1 度「嘘は吐《つ》かない女だ，」までとそれ以降で区切ることができるが，読点によって緩やかに接続されており，文全体を見れば「裏表はない」の主語が「下宿の婆さん」であることがわかる。しかし，「裏表はない」は「ように」によって「赤シャツ」とも依存関係を持っており，「赤シャツのように裏表はない」という部分の局所的な解釈については，事前に「赤シャツ」が人物のあだ名であるという知識がなければ字義通りの解釈の方が喚起されやすいだろう。（45）c も同様で，文のみを見れば字義的な

解釈が可能だが，「赤シャツ」があだ名であり，前に赤シャツが何かを企んでいることの描写があるため，「臭い」について「疑わしい」というメタファー的解釈が可能である。これらはテクスト内部でのメトニミー的意味の定着の結果であると考えることができる。

　また，一旦メトニミー的意味が定着すれば，表現が描写する状況で物理的に参照点とターゲットが隣接していなくても，読み手はターゲットにアクセスできる。

> (46) やがて書記の川村がどうかお着席をと云うから，柱があって靠《よ》りかかるのに都合のいい所へ坐《すわ》った。海屋の懸物の前に狸《たぬき》が羽織《はおり》，袴《はかま》で着席すると，左に**赤シャツが同じく羽織袴で陣取《じんど》った。**

　(46) で太字にした部分では，「赤シャツ」の指す人物が羽織袴を着ているという描写があるため，衣服としての「赤シャツ」は身につけていない。メトニミーはもともと隣接関係に基づく比喩であり，「赤シャツ」の場合は人物と衣服の「着る―着られる」という関係が頻繁に生じるということから成立していた。したがって，この隣接関係が成立する時には「赤シャツ」と赤シャツを着る人物である「教頭」には「着（てい）る」という物理的な隣接関係が成立していなければならない。しかし，(46) に見られるように，一旦メトニミーとして定着した場合は，必ずしもそのような隣接関係は必要なく，(46) の状況の説明として，字義通りに解釈すればシュールな光景となる「赤シャツが羽織袴を着ている」という表現も可能である。また，読み手によっては，(46) でも「赤シャツが同じく羽織袴で」という部分に注目し，衣服としての赤シャツを強く想起し異義兼用的解釈をするだろう。この場合の衣服としての「赤シャツ」は，「羽織袴」という衣服を表す語彙との語彙的結束性によって喚起される。第4章では異義兼用や異義反復について検討したが，ここでは強く定着したメトニミーによって喚起される意味と，語彙的結束性によって喚起される意味が競合している。

　以上のような定着の度合いは，図14のようにまとめられる。図14は意味の慣用化を表した図12の改変であるが，図12が特定の話し手や聞き手，テ

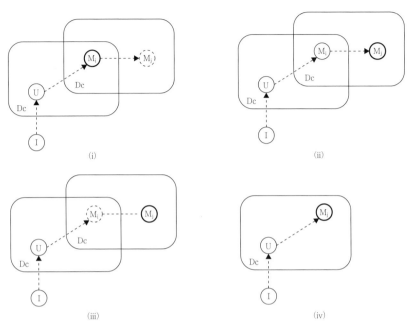

図 14　テクストにおけるメトニミー的意味の語用論的定着

クストに依らない慣用化のプロセスを表しているのに対し，図 14 は 1 つの
テクスト（ここでは「坊っちゃん」）における個々の「赤シャツ」の使用につ
いて表現している。(i) ～ (iv) はメトニミー的な意味の喚起の度合いを表
しており，(i) が最も弱く，(iv) が最も強いことをプロファイルの違い（線
の太さ）によって区別している。「坊っちゃん」において，一旦「赤シャツ」
で「教頭」を指すメトニミーが定着した後は (ii) ～ (iv) の範囲でそれぞ
れの意味が喚起され，主に人物が際立って解釈されると考えられる。特に何
を着ているかということが特段問題にされない場合は，この「坊っちゃん」
というテクストにおいてしか成立しない（と考えてよいであろう）「教頭」が
強く喚起される (iv) も成立し，テクスト内でも意味の慣用化と同じような
プロセスが可能だと考えてよいだろう。しかし，語の意味は柔軟であり，
(46) に挙げた例では衣服の意味が強く喚起される (i) のような概念の活性
化も見られる。このような例ではテクスト内で定着した人物の方が強く喚起
されつつも，字義通りの意味である衣服としての「赤シャツ」も活性化され

る。

5.3　テクストにおける語の指示対象の変化

　本節では，ある小説の一部を対象とし，テクストのごく短い部分におい
て，1つの名詞がメトニミー的転義により様々な対象を指示する例を観察す
る。次に，小説全体を通してその名詞がどのような環境で用いられているか
を観察し，上述した指示対象の変化が激しい箇所がどのような環境に置かれ
ているかを考察する。

5.3.1　分析対象とするテクスト

　本項で対象とするテクストは森見登美彦の『有頂天家族』であり，この小
説内で「鍋」とそれを含む複合名詞がどのような意義で用いられているかに
ついて調べる。なお，「鍋」という名詞を分析対象として採用した積極的な
理由は，(i) 日本語において「鍋」という名詞が，容器を指す字義通りの用
法と，その中に入っている食材や鍋を使った料理を表す定着したメトニミー
でよく用いられる，(ii) この小説の短い一節 (47) の中で，「鍋」という名
詞が様々な意味で用いられている，という2点による。ここで，小説の内容
について補足しておく。まず，主人公は人間ではなく狸であるが，人に化け
て周りの人間に混じって生活することもある。また，本作品の世界では天
狗，狸，人間という種族が中心であり，一部の人間は狸を鍋にして食べると
いう習慣を持っている。狸は別の狸を陥れて人間に食べさせてしまおうとす
る場合もある。(47) は，主人公が人間に混じって料理屋で鍋料理を食べる
場面であり，(47) の直前には主人公や「布袋」「弁天」を含む登場人物が
各々の席につく描写や，2つの鉄鍋に牛鍋の具材が入り料理ができあがって
いく描写，「布袋」が大学教授であるという描写がある。

> (47) 同じ鍋$_a$をかこむ大学教授とは，肉をめぐって熾烈な争いをやった。ど
> 　　　ちらも相手に先んじようと企んでいるから，箸で箸を打つ剣術試合の

ごとき様相を呈した。教授は風貌に似合わぬ機敏な動きをみせ，も
じゃもじゃと毛の生えた大きな手で器用に箸を使って肉を奪う。恐る
べき手練れであった。弁天が高みの見物をする中，剥き出しの食欲を
恥も外聞もなくぶつけ合ったあげく，番長同士の河原の決闘後に育ま
れるような熱い感情を覚えた。

「今日は布袋さんがそちらの鍋$_b$で助かった」

「布袋さんはナマでも平気だから，うかうかしているとこちらは喰え
ないですからな」

「いやまったく」

　となりの鍋$_c$は口々に言い合って安心している。

「どう思うね，君。あちらはだらしない和平の上にあぐらをかいて，
真剣味に欠けてはいないか！」

「まことに然り。鍋$_d$は戦いであります」

「いざ行かん。現実の厳しさを連中に教えてくれる」

　私と教授はとなりの鍋$_e$を襲って肉を奪い，戦利品を分け合ってさら
に友情を育んだ。

　　　　　　　（森見登美彦『有頂天家族』，下付きのアルファベットは筆者）

　（47）は文庫版で1ページにも満たない量であるが，下付きのアルファ
ベットを付した「鍋」が様々な対象を指しており，多くはメトニミーと関
わっている。本書では既に，メトニミーをアクティヴゾーンの乖離として捉
える場合には，記号の合成過程と不可分であると捉えることについて述べた
が，ここでの「鍋$_i$」の意味を伝統的なレトリックの枠組みで捉えると以下
のように考えられる。（47）の前には，引用部がすきやきを食べている場面
であることを示す描写があるため，1つ目の「鍋$_a$」は字義通りの鍋という
解釈が可能であるが，「鍋をかこむ」全体は転喩的に「同じ鍋に入った料理
を食べている」という解釈が可能である。2つ目の「鍋$_b$」は，「布袋さん」
がついている座席を特定する際の手がかりとなる容器としての「鍋」である
と解釈できる。3つ目の「鍋$_c$」は，鍋を囲んでいる複数の人間を指すメト
ニミーであるとの解釈が可能である。4つめの「鍋$_d$」は鍋料理を食べるイ
ベントと解釈できる[6]。5つ目の「鍋$_e$」は，すきやきの入った容器としての

鍋を指しているとも，直接変化を被るという点で考えれば中身の料理とも，襲われて困っている人間であるとも考えられる。

4.4 では，テクスト中の名詞の語義はメタファーであるか否かというレベルでは一貫していることが多いことを示した。このことと比較した場合，(47) でメトニミーによる「鍋」のターゲットを語義と捉えるならば，登場するごとに語義が大きく変化していると言えるので，(47) で引用した箇所においては語義の一貫性が低いと考えられる。本項では，このような語義の変遷が可能になる要因を考察したいと考えているが，まずはこの小説を通した「鍋」及び「鍋」を含む複合名詞の語義について観察し，(47) に挙げた部分にどのような特徴があるかを分析する。

5.3.2 小説を通した名詞の語義の追跡

ここでは，『有頂天家族』の中で「鍋」がどのような形式で登場するかについて，単に名詞「鍋」で登場するか，どの複合名詞の一部として登場するかという観点から記述を行う。まず，「鍋」という単体で登場するのは 67 例であった。また，丁寧を表す接頭辞「お」を伴う「お鍋」という形式は 6 例見られた。次に複合名詞の主要部として場合は，「狸鍋」が 27 例，「鉄鍋」が 12 例，「牛鍋」「藁鍋」「矢三郎鍋」がそれぞれ 1 例であった。最後に，複合名詞の非主要部として現れたのは「鍋支度」2 例であった。結果を表 3 に示す。

ここで，わかりにくい例である「藁鍋」及び「矢三郎鍋」について説明を加えておく。まず，「藁鍋」は，(48) に示すように「牛鍋」と対になって現れている。

(48)「いやいや，真打ちあってこその前座ですからね……」
　　　「旨い肉は身体に毒だよ」
　　　「とある文人が言っておりますよ。牛は藁を喰うのだから，これは**牛鍋**でなく**藁鍋**だと。藁ならばコレステロールはないでしょう。ないで

---

6) この「鍋$_d$」は「鍋は戦い（だ）」という言語表現として現れる概念メタファーの一部でもある。」

**表 3　「鍋」を含む名詞の
表現形式と頻度**

形式	頻度（$n = 117$）
鍋	67（57%）
狸鍋	26（23%）
鉄鍋	12（10%）
お鍋	6（5.1%）
鍋支度	2（1.7%）
牛鍋	1（0.85%）
藁鍋	1（0.85%）
矢三郎鍋	1（0.85%）

すよね，先生？」

（森見登美彦『有頂天家族』，太字は筆者）

　ここで，「藁鍋」の「藁」は鍋料理の具を表していると考えられる。もっとも，実際には牛肉が入っているのだろうが，牛肉の元となった牛が食べているのは藁なのだから，藁を食べているのと同じだという詭弁に基づいている。なお，もう 1 つのわかりにくい表現「矢三郎鍋」は，「矢三郎」が本小説の主人公であり狸であるため，矢三郎という特定の個体の狸で作った「狸鍋」を表す。

　次に，収集したそれぞれの用例について語義の分類について述べる。ここでは複合名詞であるか否かは問わず，全ての「鍋」が含まれる名詞を対象に分類を行った。語義の分類はどこで線引きを行うかという点で，ある程度恣意的にならざるを得ない。また，複数の意味が同時に読み取れる場合も存在し，それらは「その他」に分類したが，本書ではできるだけこの項目には分類しないようにした。分類は以下の通りである。

(i)　容器：字義通り容器としての「鍋」

(ii)　料理：寄せ鍋や鴨鍋，しゃぶしゃぶなど，料理としての「鍋」

(iii)　イベント：鍋料理を食べるイベントとしての「鍋」

(iv)　場所：鍋が置いてある近くの場所を表す「鍋」

(v)　人間：鍋が置いてある近くにいる人を表す「鍋」

表 4 「鍋」が表す意味の
頻度

意味	頻度 $(n = 117)$
料理	91（78%）
容器	20（17%）
イベント	2（1.7%）
その他	2（1.7%）
場所	1（0.85%）
人間	1（0.85%）

（vi）その他：ラベル付け，分類が不能なもの

　上記のように，「容器」以外の意味は定着しているかどうかの差はあるもののメトニミー的である。なお，上の分類に含まれる用例は多い方から順に「料理」が91例，「容器」が20例，「イベント」「その他」が2例，「場所」「人間」が2例であった。このうち，『広辞苑　第五版』を参考にし，「容器」および「料理」の語義は，定着した語義だと想定している。結果を以下の表4に示す。なお，定着した語義は，観察された例のうち約95%を占める。

　また，ラベル付けが困難であるとした「その他」の用例を以下に示しておく。まず，（49）では名詞そのものと直接変化を受ける対象，被害を受ける対象が全て異なると考えられる。単に「鍋を襲う」という単位を読んだだけで意味が理解できる人は稀だろう。

（49）「いざ行かん。現実の厳しさを連中に教えてくれる」私と教授はとなりの**鍋**を襲って肉を奪い，戦利品を分け合ってさらに友情を育んだ。

（森見登美彦『有頂天家族』，太字は筆者）

　名詞の指す内容そのものは容器としての「鍋」であり，直接変化を受けるのは容器に入っている料理である。そして，被害を受けるのは鍋の周りにいる人である。

　また，次の用例ではどの統語ユニットの中で解釈するかによって「鉄鍋」の指示対象が異なる。

（50）次々に点り出した寺町通の明かりが，残された時間のわずかなことを

示していた。長兄はもはや**煮え立つ鉄鍋の縁**から突き出された板の
上を歩かされているようなものだ。

　　　　　　　　　　　　　　（森見登美彦『有頂天家族』，太字は筆者）

　(50) で問題となるのは，太字部「煮え立つ鉄鍋の縁」である。ここでは，
連体修飾部と問題の名詞「鉄鍋」，つまり「煮え立つ鉄鍋」というユニット
に関しては，「鉄鍋」の煮立っている部分は「中身」の液体だと考えられる。
一方で，「鉄鍋の縁」というユニットでは，「鉄鍋」が指すものは容器として
の「鍋」だと考えられる。このように，1 度しか現れていない名詞が指示す
るものでも，両立しない字義通りの指示とメトニミー的指示が，異なる統語
ユニットによって重層的に実現されている場合がある。やや詳細に立ち入る
ことになるが，この例はアクティヴゾーンの乖離という現象が記号統合の過
程と不可分であることをよく表している。ここでは「煮え立つ鉄鍋の縁」の
合成過程を [[煮え立つ鉄鍋] の縁] と仮定して話を進めるが，「煮え立つ」
で精緻化される「鉄鍋」の部分は，容器としての鉄鍋を参照点としてアクセ
スされる，中身の液体である。しかし，合成構造としての「煮え立つ鉄鍋」
の主要部はあくまでも「鉄鍋」であるため，「煮え立つ鉄鍋」が「の縁」と
統合される段階では，再度容器としての「鉄鍋」を参照点として[7]容器の
「縁」へとアクセスされる。

　また，形式ごとの語義の頻度は表 5 のとおりである。なお，ある 1 つの形
式に対し 2 つ以上の意味が見られた場合は，その形式の頻度を分母とした
個々の意味の頻度の割合を百分率で併記した。結果として，「お鍋」「牛鍋」
「狸鍋」「矢三郎鍋」「藁鍋」「鍋支度」については，料理の意味しか見られな
かった。このテクスト中で，「お鍋」「狸鍋」「鍋支度」については複数回出
現しているが意味は一貫しているといえる。また，「鉄鍋」については 1 例
を除いて「容器」の意味で用いられていた。なお，例外は (50) の「煮え立
つ鉄鍋の縁」であり，どの統語ユニットの一部として見るかによって複数の
意味が読み取れるものであった。先に述べたように，この例では「容器」お
よび「中身の液体」の両方の意味が読み取れるが，これを考慮すれば「鉄

───────────

7)「の」のような典型的に所有を表す文法的要素は，参照点構造を起動すると言われる。

表5 「鍋」を含む名詞の形式と意味の組み合わせ

表現形式	料理	容器	イベント	場所	人間	その他	合計
お鍋	6	0	0	0	0	0	6
牛鍋	1	0	0	0	0	0	1
狸鍋	27	0	0	0	0	0	27
矢三郎鍋	1	0	0	0	0	0	1
藁鍋	1	0	0	0	0	0	1
鉄鍋	0	11 (92%)	0	0	0	1 (8.3%)	12
鍋	53 (79%)	9 (13%)	2 (3.0%)	1 (1.5%)	1 (1.5%)	1 (1.5%)	67
鍋支度	2	0	0	0	0	0	2

鍋」の意味も「容器」でほぼ一貫していると考えられる。上述の2種類では，表現形式と意味がほぼ一貫している。これらは「お鍋」を除きN＋N型の複合名詞になっている。このうち，「牛鍋」「狸鍋」「矢三郎鍋」「藁鍋」では複合名詞の前項が鍋料理の具を精緻化している。また，「鍋支度」では「支度（する）」の対象を，「鉄鍋」では鍋の材質を精緻化している。

　最後に，複合名詞でない「鍋」については様々な意味が見られた。このことは，「鍋」が他のユニットによる精緻化を経ていないことを考慮すると妥当な結果と言える。先に挙げた例と異なり，複合名詞でない「鍋」の意味は一貫しておらず，読み手は意味の曖昧性を解消しなくてはならない。また，「鍋」という形式の定着した意味である「容器」「料理」以外の語義での使用は，その80％（4/5）が小説の一部（47）に集中している。

5.3.3 結束性，意味の衝突とテクスト内の隣接関係

　以下では，『有頂天家族』のうち，特に「鍋」という表現のメトニミー的使用が集中して見られた（47）の部分について，より詳しくテクスト的な観点から考察する。まず，その部分を（51）に再掲する。

　　（51）同じ鍋$_a$をかこむ大学教授とは，肉をめぐって熾烈な争いをやった。どちらも相手に先んじようと企んでいるから，箸で箸を打つ剣術試合のごとき様相を呈した。教授は風貌に似合わぬ機敏な動きをみせ，もじゃもじゃと毛の生えた大きな手で器用に箸を使って肉を奪う。恐る

べき手練れであった。弁天が高みの見物をする中，剥き出しの食欲を
恥も外聞もなくぶつけ合ったあげく，番長同士の河原の決闘後に育ま
れるような熱い感情を覚えた。
「今日は布袋さんがそちらの鍋$_b$で助かった」
「布袋さんはナマでも平気だから，うかうかしているとこちらは喰え
ないですからな」
「いやまったく」
　となりの鍋$_c$は口々に言い合って安心している。
「どう思うね，君。あちらはだらしない和平の上にあぐらをかいて，
真剣味に欠けてはいないか！」
「まことに然り。鍋$_d$は戦いであります」
「いざ行かん。現実の厳しさを連中に教えてくれる」
　私と教授はとなりの鍋$_e$を襲って肉を奪い，戦利品を分け合ってさら
に友情を育んだ。
（森見登美彦『有頂天家族』，下付きのアルファベットは筆者，（47）
再掲）

　それぞれの「鍋」の意味は 5.3.1 で説明した通りだが，それらの一部は非
慣習的なメトニミーとなっている。例えば，「鍋$_b$」「鍋$_c$」は場所を表すと考
えられるが，「鍋」で周囲の場所を表すことは一般的であるとは言えず，
「鍋$_d$」も「鍋料理を複数人で食べる行為」という周辺的な用法で使われてい
る。これらの意味を適切に想起するには，精緻化する側の要素とされる側の
要素の意味の衝突を考慮しなければならないが，鍋の周りに人が座っている
とテクスト内で表現されている（鍋$_a$）ことや，「肉をめぐって熾烈な争い」
がなされていることで，より容易に想起することが可能になっていると考え
られる。上記の鍋$_b$，鍋$_c$について周囲の文を考慮せずに意味の衝突を回避し
た文レベルの解釈を試みる場合，下記のような別の解釈が可能である。

　　鍋$_b$：「布袋さん」を含む特定の二人が，交代で 2 種類の鍋料理を作ること
　　　　になっているが，片方の鍋は調理に多大な手間がかかる場合，「今日
　　　　は布袋さんがそちらの鍋で助かった」の「鍋」は料理を指すと解釈

　　　　できる。

　　鍋$_c$：食器が擬人化された世界の場合，「鍋」は擬人化され話すことのでき
　　　　る生物を指すと解釈できる。この場合「鍋」はその世界において種
　　　　族名となり，「鍋」を生物として捉えることが了解されている参与者
　　　　の間では字義通りの意味として捉えられる。

　これらの解釈は，いずれも（51）とは別の文脈を考えることによって可能
になる。文脈が比喩表現を理解する上で重要であることは先行研究で指摘さ
れている通りだが，本書では「文脈」の内容をより深く理解するため，テク
スト内で表現されている事柄について詳しく観察を行う。

　まず，結束性の観点から見れば，テクストに出現するそれぞれの「鍋$_i$」
を追跡して考えることで，ターゲットへのアクセスが容易になるだろうと考
えられる。結束性はある要素を解釈するときに，別の要素を前提とすること
によって生じると 2.3.3 で述べたが，指示による結束性に関しては，別の文
（特に，解釈の対象となっている文より前に登場した文）で得られたある指示対象
についての情報が捨象されることになる。具体的には，「鍋$_a$」を含む文で
は，指示されている容器としての「鍋」を主人公と大学教授が囲んでいるこ
とが描写されているが，「となりの鍋$_b$」は「鍋$_a$」とは別の鍋を囲む人物の
発言に含まれており，「鍋$_a$」と「鍋$_b$」が同一の対象を指示することがわか
る。しかし，これらが同一指示であることを踏まえれば，「今日は布袋さん
がそちらの鍋$_b$で助かった」という文の解釈において，「布袋さんがそちらの
鍋だ」というコピュラで生じている意味の衝突の解決は容易になるだろう。
「同じ鍋$_a$をかこむ大学教授とは，肉をめぐって熾烈な争いをやった。」とい
う文では，「鍋$_a$」の指示対象が人によって囲まれており，人物─鍋間の関係
が既に明らかにされている。また，小説中の別の箇所で大学教授は「布袋さ
ん」と呼ばれていることが明らかになっていることからも，単なる「AはB
だ」型のコピュラから想起されるA─B間の関係に比べ，より特殊な（＝粒
度の細かい）関係を読み取ることができる。言い換えれば，読み手が「鍋$_b$」
の解釈をする際には，当該の文より前にテクスト中で表現されていた情報も
利用することで，メトニミー的解釈が容易になるということである。「鍋$_c$」

「鍋$_e$」についても同様で，「となりの」という表現で修飾されることにより，同じ場にある「鍋」の別インスタンスであることがわかるため，「鍋$_b$」で指されるインスタンスと同様に複数の人物が鍋の周囲に座っていることや，鍋の中に肉が入っていることが推測可能である。

　このことを認知言語学的な観点から捉え直すと，メトニミーに関わるドミニオンの決定要因として，結束性が関わっていると考えることができる。ドミニオンは，参照点からアクセス可能なターゲットの集合として規定されるが，何がアクセス可能かということは自明ではなく，参照点の置かれた環境，つまり文脈によっても異なる。「鍋」という語について考えた場合，容器としての鍋という字義通りの概念の他にも，「（中身の）料理」「中身」などの定着した概念であれば百科事典的知識によってアクセス可能だろう。しかし，(51) で扱った「鍋」のアクティヴゾーンである「人」「場所」などはメトニミーとして定着しておらず，百科事典的意味によってアクセス可能になるとは考えにくい。もちろん「人」や「場所」は「鍋」と関わりのある概念だが，これらは「部分─全体」という典型的な隣接関係でもなく，「料理」「中身」ほど「鍋」と強い隣接関係を持たない。一般的な知識からアクセスできないということは，「場所」や「人」が何らかの文脈特有の知識からドミニオン内に組み入れられていることを意味するが，その一端を担うのが指示的結束性であると考えられる。ここで「鍋$_a$」の指示対象を鍋$_1$，鍋$_c$の指示対象を「鍋$_2$」とすると，読み手は鍋$_1$，鍋$_2$とテクスト中の「鍋$_i$」と次のように対応づけることができる。

　　鍋$_1$：鍋$_a$，鍋$_b$
　　鍋$_2$：鍋$_c$，鍋$_e$

　これらの対応関係により，「鍋$_a$」を含む文で示される，鍋$_1$のそばに主人公と「大学教授」が座っており，鍋には肉が入っているという情報が「鍋$_b$」のターゲットを解釈するときにも利用可能になる。したがって，「鍋$_b$」のアクティヴゾーンを決定する上で探索するドミニオンには，「鍋$_b$」の指示対象である鍋$_1$に関わる情報が含まれる。一方，鍋$_2$に関しても (51) 以前にある情報（引用外）から，別の登場人物が座っていることが示されている。

以上，本章ではメトニミーとそれらに関わる周辺的な修辞表現について具体例を通してその解釈に関わる要因との関わりを明らかにした。ミクロ的な要因については認知言語学的な理論に基づいた説明を行い，記号合成の過程に意味の衝突とその解決過程を位置づけた。また，マクロ的要因としては結束性や談話トピックの観点から修辞表現を分析し，同じ語彙項目に関しては一般的に同じ語義として解釈される場合が多いことを明らかにした。加えて，参照点能力と談話的特徴の接点として，別の部分で構築された隣接性が参照点のドミニオンに含まれることを明らかにした。次章では，修辞表現の理解に関わる要因間の相互作用について述べる。

音楽と修辞表現

　音楽を言葉で表現するのは難しい。音自体は音圧や周波数などの客観的・物理的特徴で表現し，それらを電磁的な方法で記録すればスピーカー等の装置を用いて再生することもできるが，人間は電磁的記録そのものを読むことはできないし，音楽を語る上で物理的特徴だけに着目するのは一般的な方法とは言えないだろう。

　筆者は学生時代オーケストラに所属していたが，楽器の弾き方を教わるときに「柔らかい／硬い／軽い／重い」といった形容詞で音質を表現され，困惑したことがある。幼少期から始めた人にとっては普通の表現だったのかもしれないが，大学に入ってから弦楽器を始めた筆者にとって，このような表現からぼんやりとしたイメージは浮かぶものの，どのように弓を動かせば出すべき音が出せるのか分からなかった。

　また，オーケストラは何十名もの（100名を超えることもある）演奏者が指揮者の指揮のもとで1つの楽曲を演奏するという都合上，全員がイメージを共有して音楽を作り上げる必要がある。楽譜にも音楽記号として *dolce*（甘く），*appassionato*（情熱的に）などという指示が書かれており，ここでも味覚や感情によって音を表現する比喩が使われているのがお分かりのことだろう。楽譜に書き込まれていないことに関しては，指揮者が練習のときにどのようなイメージかを説明し，それに合わせてオーケストラが動く。当時どうやったらこのようなイメージや表現が思いつくのか感心するような比喩に多く出くわしたのだが，残念ながら実際の練習での発言データは持ち合わせていないので，ここでは代わりに作曲家の池辺晋一郎先生による楽曲解説で使われた例を紹介する。

　　ティムパニはロールを続ける。その中で，水底の魚が少しずつヒレを揺らし，水面への上昇の機会をねらうかのように，「駆け上がり」がうごめき始まる。

（池辺 2008, 165）

引用部はベートーヴェンの「交響曲第4番」の一部についての記述で

ある。音楽の方も聞いてみないと（引用元の書籍では楽譜が掲載されている）イメージが掴みにくいのだが，ここでは表現に着目して頂きたい。「ロール」というのはティムパニ（太鼓）を連続して素早く叩き，音を持続させる奏法である（これも元を辿れば比喩なのかもしれないがそれは置いておく）。この持続的な音を水に見立て，他の楽器が奏でる音を魚に見立てる。そして「少しずつヒレを揺らし」「水面への上昇」「駆け上がり」「うごめき始める」という移動に関わる表現を用いている。

　限られた紙幅でこの表現の感覚を本書の読者に伝えるには限界があるが，少なくとも筆者には巧みな比喩と思える表現で，引用元書籍の編集者や読者にとっても理解可能な表現だと思われる。クラシックに限らず，別ジャンルでも音楽について言葉で表現している場面に出くわしたら，修辞表現に注意を向けてみてはいかがだろうか。

参考文献
池辺晋一郎. 2008. ベートーヴェンの音符たち──池辺晋一郎の「新ベートーヴェン考」. 東京：音楽之友社.

第 6 章

修辞表現の理解に関わる
諸要因の相互作用

第 4 章，第 5 章では，メタファーとメトニミーを主な対象とし，それらに深く関わる修辞表現とともに実例を分析した。本章では，その結果をもとに修辞表現の理解に関わる要因について，より広い視点から考察を行う。まず，ミクロレベルとマクロレベルそれぞれの観点から修辞表現の理解に関わる要因を振り返った後，それらの要因がどのように相互作用するかを考察する。また，メタファーとメトニミーについても，文脈的観点からこれら 2 つの修辞技法がどのように相互作用するかを明らかにする。

6.1 要因間の相互作用

第 4 章，第 5 章では，各要因について要因間の強弱についての考察を踏まえつつも，基本的には個別の要因と修辞表現の理解に見られる関係について述べた。本節では，要因間の相互作用について第 4 章，第 5 章で取り上げた例や考察を基に整理する。

6.1.1 衝突の回避とマクロ的要因の介入

本書では一貫して，意味の衝突を強い要因として取り扱ってきた。マクロレベルの要因については，意味の衝突が生じていないメタファーとメトニミーや，テクスト中の修辞表現と結束性，談話トピックとの関連など，様々な例を通じてその重要性を示したが，それらは個々の語彙項目を整合的に合

成して文を構築することを妨げるほど強い要因ではなかった。本項では，意味の衝突の回避にマクロ的要因がどのように関与するかについて述べる。

　まず基本的に，字義的にも比喩的にも解釈できるものはマクロ的要因の影響を受けると考えられる。これは，より細かく言えば字義的に解釈しても比喩的に解釈しても意味の衝突が起こらない表現を解釈するとき，結束性や談話トピックなどがその解釈を決める要因となるということである。このような解釈の多様性と文脈の関係についてはすでに Stern（1983）が指摘していたが，本書では解釈に影響を与える「文脈」が何かについて，第4章，第5章の各所でより詳細な説明を行った。結束性の観点から言えば，テクストにおける語彙項目の使用は，テクスト内での別の部分における語彙項目の意味に影響を与え，できるだけ一貫した意味で解釈するように方向づける。また，談話トピックは結束性ほど直接的に観測できるわけではないにせよ，メタファーのターゲット領域を提供するなど，修辞表現の解釈に影響を与えている。

　様々な要因が語彙項目の理解に影響を与えるという点で，言語の理解は重層的である。意味の衝突を回避し，文を整合的に理解しようとするのは強い要因だが，意味が衝突しない解釈が何通りかある場合，最終的な解釈は文脈的要因によって決まったり，4.2.2 で見たように，ある語について結束性により喚起された意味が文全体の解釈としては棄却される場合でも，異義兼用（またはいわゆる駄洒落）的な意味の1つとして読み手の理解に影響を与えたりと，修辞レベルの意味まで考慮すると弱い要因が文の解釈に介入していることがわかる。第5章で見たように，創造的な比喩表現の場合でも，1つのテクスト内で定着が起こることによって異義兼用を作り出すことが可能であったり，テクスト中で参与者間の隣接性が示された後，別の文でその隣接性に基づいた非慣習的なメトニミーが成立するなど，要素の介入によって生じる修辞的解釈はテクスト内でオンライン的に構築された情報を利用し，まとまりを持ってテクストを解釈しようとした結果生じると言える。

　これを第3章で提示したモデル（図15，＝図4再掲）に当てはめると，次のように説明できる。図15においては，ミクロ的要因が多少喚起されつつも，マクロ的要因によって喚起された概念が最終的な解釈において優勢となって

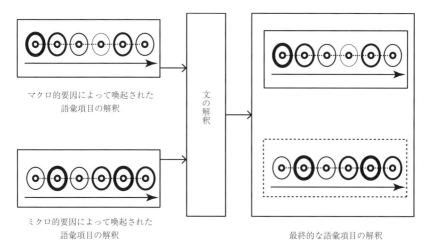

マクロ的要因によって喚起された
語彙項目の解釈

文の解釈

ミクロ的要因によって喚起された
語彙項目の解釈

最終的な語彙項目の解釈

図 15　語彙項目の意味処理に関する並列処理モデル（再掲）

いる。これは (45)b「赤シャツのように裏表はない」のような例が想定でき，小説を通したマクロ的な概念的意味が文の解釈時に強く喚起され，文法的な依存関係，つまりミクロ的要因から喚起される文字通りの意味が背景化されることを表している。当然のことながら，図 15 に挙げた解釈は 1 例にすぎず，最終的に喚起される意味の強さは場合によって異なり，ミクロ的要因によって喚起された意味がマクロ的要因よりも強かったり，両方が同程度の強さの場合も存在する。このように，ミクロ・マクロ双方の要因から喚起される意味は，文全体を解釈する際に調整され解釈されていると考えられる。現段階における意味処理の並列処理モデルは発達途上であり，今後ミクロ・マクロ的要因内部の多様性や，文解釈時の処理の詳細などを説明できるモデルが望まれる。

6.1.2「意味の衝突」の拡張

3.2 で述べた通り，本書でも先行研究と同様に，意味の衝突が表現に含まれていることが修辞表現を理解する上で重要な役割を果たしていると仮定した。そして，それらを認知文法の体系の中に位置づけ，意味の衝突は記号合成の過程で生じ，メタファー的解釈やメトニミー的解釈によって回避するこ

とが可能であることを導いた。この衝突は，メタファーの場合には典型的な
ドメインとは異なるドメインで解釈することによって，メトニミーの場合に
はアクティヴゾーンの乖離によって回避される。また，衝突の回避は必ずし
も意識的なものではなく，むしろ日常的な言語使用では意識せず整合的な解
釈を行っていると考えられる。

　談話・テクスト的な観点から言えば，この「意味の衝突」は文の内部にお
ける語の持つ意味同士の衝突に限らず起こる現象だと考えられる。従来から
考えられてきた選択制限の違反や意味の衝突は，文内の統語的な関係に基づ
いていた。しかし，本書では精緻化という概念を用いてどのような場合に意
味が衝突するかということを 2. 1. 2 で見た Cruse の理論をもとに 4. 1. 1 で詳
細に定義し，精緻化の過程で対応関係が想定されるものの，個々の構成要素
が喚起する意味が大きく異なるものについて衝突が起きると説明した。この
対応関係を基盤とした説明は，結束性が修辞表現の理解に与える影響と共通
した部分がある。語彙的結束性の基礎となる同じ語彙の繰り返しは，結果と
して指示的な対応関係を生み出すことがあり，この場合においては文を超え
て対応関係を生み出す。語彙の繰り返しは精緻化の場合や代名詞の照応関係
ほどではないが，対応関係を期待させる要因となると考えてよいだろう。

　語彙項目の繰り返しによる対応関係と記号合成の過程で生まれる対応関係
の違いは，その強さである。記号合成の過程で生まれる対応関係は強く，対
応関係を結ぶ要素同士が意味の衝突を起こしている場合，転義的な解釈に
よってその衝突を回避するか，場合によっては新たな現実を受け入れなけれ
ばならない。例えば，4. 1. 2 ではオクシモロンについて紹介したが，「ノン
アルコールビール」のような例について考えた場合，ノンアルコールのビー
ルが初めて世に出たときに「ビール」はアルコールを含むという百科事典的
知識を持つのが当然だったと考えられる。このような情勢で「ノンアルコー
ル」という特徴を持つ「ビール」は矛盾を孕むが，実際にそのような商品が
登場すれば新たな現実に応じて知識を改めなくてはならなくなる。新たな現
実が受け入れられれば上記のような語彙項目同士の対応関係に違和感はなく
なるだろうが，それまでは既存の概念体系との齟齬を感じ続けることにな
る。これに対し，語彙項目の繰り返しによって生まれる対応関係は弱く，必

ずしもそれぞれの語彙項目が喚起する意味を一致させる必要はない。つまり、繰り返しによる対応関係が弱いということは、必ずしも対応関係があるという解釈をする必要はなく、あくまでも対応関係がありそうだという解釈が期待されるにとどまる。実際に、異義兼用の例では結束性によって喚起される語彙項目の意味は、精緻化や談話トピックから要請される意味よりも優先順位が低いことを4.2で見た。ただし、メトニミーの場合は同じ語彙項目が繰り返されていても柔軟にアクティヴゾーンが変わることを5.3で見た。これはメトニミーが参照点能力と深い関わりを持つことと関係しており、語彙項目の喚起する意味が継続的に同一の参照点となり続けることで、参照点としての対応関係が保たれるからだと考えられる。

　もう一度「意味の衝突」を捉え直すと、意味の衝突は複数の語彙項目のインスタンスが対応関係を結ぶ時に、意味的な食い違いがある場合に起こると考えることができる。この語彙項目のインスタンスが統語的に強い関わりを持つ場合には、少なくとも一方の喚起する意味をもう一方に合わせる必要がある。これに対し、同じ語彙項目のインスタンスが複数存在する場合には必ずしもそれらが対応関係を持つと解釈する必要はなく、異義兼用の解釈に見られるように文全体の解釈に含まれない程度に、一方の喚起する意味と対応する意味が喚起されると考えられる。なお、この点については6.2.2で詳しく述べる。

6.1.3 一貫性への期待とミクロ・マクロの相互作用

　本書では修辞表現の理解に影響を与える要因について、ミクロとマクロに分けて述べてきた。基本的に、テクストは第4章の隠喩クラスターに見られるようにミクロ的な要因とマクロ的な要因が競合しないように構築されるが、競合した場合でもうまく環境が整っていれば異義兼用や異義反復のようにユーモラスな効果をもたらすことを明らかにした。また、異義兼用はメタファーに限らず、テクスト内部で定着したメトニミーでも見られることを明らかにした。異義兼用ではミクロ的要因による局所的理解と、マクロ的要因である意味の定着が大きな役割を果たしており、それらの相互作用の結果複数の意味が感じられるようになっていると考えられる。

本書では，マクロ的要因の中でも結束性について重点的に取り扱った。結束性については，メタファー・メトニミー双方について計量的な研究を行ったが，この研究は1つの語彙項目について結束的でない使い方をしたいとき，書き手は語彙項目を修飾するという方法を取ることができることを示している。4.4では "block" という名詞がメタファー的意味の場合は修飾語なしで現れ，物理的意味の場合は "road block" と修飾語を伴って現れていることを観察した。また，5.3では「鍋」が複合名詞になっているときは「鍋」の意味が安定していることについて述べた。これらの例は，書き手が読み手の持つ「一貫性への期待」を満たすため，上手くマクロ的な要因とミクロ的な要因のバランスを取っていると捉えることができる。

　加えて，ミクロ的な要因とマクロ的な要因が協調的に修辞表現の理解に貢献する時には（網羅的ではないが）ある種のパターンが見られた。メタファーの場合には概念メタファーを表す形式「AはBだ」型の表現が現れることがあり（cf. 4.2），メトニミーの場合には隣接性が明示されたのち，際立ちの高い部分で人物を指すメトニミーが継続して用いられることを5.2で明らかにした。これらの特徴はクリシェ的な修辞表現ではなく，本書で観察した範囲では創造的な修辞表現の場合に多く出現した。メタファーの場合はA，Bのドメインに含まれる概念が周囲に出現するような文脈で「AはBだ」型の表現が用いられ，A，Bそれぞれのドメインに属する概念を表す語彙項目との結束性により，「AはBだ」で起こる意味の衝突のメタファー的回避が容易になると考えられる。また，隣接性の明示も5.2で説明したように，参照点のドミニオンにテクスト内で構築された様々なターゲット候補を導入する役割を果たすため，意味の衝突の回避を促進する。メタファーとメトニミーで型は異なるものの，これらはともすればコミュニケーションの失敗を招きうる修辞表現を使用する際に，失敗の確率を下げるために機能するパターンの一部だと考えられる。

6.2 メタファーとメトニミーの相互作用と差異

6.2.1 メタファーとメトニミーの相互作用

結束性，意味の衝突とテクスト内の隣接関係ではメトニミーを中心に分析・考察を行ったが，(51) でメトニミーとした「鍋は戦いであります」はメタファーにおけるソース領域とターゲット領域がコピュラの形でテクスト上に表現されたものとも考えられる。実際，(51) は鍋料理を大勢で食べている場面を描写したものであることに変わりはないが，登場する語彙には「争い」「剣術試合」「ぶつけ合った」「決闘」「和平」「戦利品」といった，戦いに関する語が多く含まれる。ただし，字義通りの意義では容器を表す「鍋」を，単純にイベントを表す「戦い」へとマッピングすることは難しい。ここで「鍋」から喚起されるのは「容器」としての鍋そのものではなく，複数人で集まって鍋料理を食べるイベントであり，このイベントが戦いであると喩えられていると考えられる。このようなメタファーとメトニミーの関わりについて，ミクロ的な視点では Goossens (1990) が詳細な説明を行っているが，本書ではマクロ的な視点からこれらの関わりについて考察する。

まず理論的な説明を試みる前に，上述した概念メタファーに関わる「鍋」（特に「鍋料理を食べるイベント」）と「戦い」という 2 つのドメインに関わる要素が，どのようにテクスト中に現れるかについて順を追って整理する。「同じ鍋$_a$をかこむ大学教授とは，肉をめぐって熾烈な争いをやった。」という文の主節で「戦い」の類義語である「争い」，「大学教授」にかかる連体修飾節で「鍋」が登場し，鍋の中の肉をめぐって「私」と「大学教授」が戦っていることが明らかになる。その後 4 文（「どちらも〜熱い感情を覚えた。」）に渡り，「打つ」「剣術試合」「奪う」「決闘」のような「戦い」に関わる語と，「ごとき」「ような」という直喩のマーカーを交え，広い意味での「戦い」で鍋料理を食べるイベントを喩える表現が続く。一方，ここまでの場面で鍋料理を食べるイベントに関わる語彙項目は「鍋」の他に「肉」「箸」「食欲」程度であり，「戦い」に比べると出現が少ない。その後，隣の鍋を囲んでいる登場人物たちのセリフが続き，「ナマ」「喰えない」と鍋料理を食べるイベン

トに関する語彙項目が含まれるものの,「戦い」に関する語彙項目は「助かった」程度である。続く「となりの鍋〜」以降では,再び「戦い」に関わる語が多く現れ(「和平」「真剣味」「襲って」「奪い」「戦利品」),「鍋」に関する語彙項目は再び「鍋」「肉」程度になる。また,「鍋は戦いであります」という概念メタファーそのものを表す形式も出現する。

　ここで,それぞれの「鍋」についてのメトニミーについて考えると,(51)に挙げた場面において,概念メタファーを表す形式の一部となっている「鍋$_d$」以外は,｜鍋,(鍋を囲む)人,(中身の)肉｜[1]が1つの組として解釈できる。つまり,「同じ鍋$_a$をかこむ大学教授とは,肉をめぐって熾烈な争いをやった」とテクストで述べられている通り,「戦い」のフレームの中に,戦いの場としての「鍋」,戦いを行う主体としての「人」,戦いの中で争奪の対象となる「肉」というフレーム要素が埋め込まれ,その戦いについての描写が続くことで,「戦い」から「鍋」へのマッピングが確立する。その後,「鍋$_b$」と「布袋さん」との位置関係がコピュラで表されたり,「鍋$_c$」が「口々に言い合っている」の動作主になるといったメトニミーが成立するのは,「戦いとしての鍋」というイベントが確立し,そのフレーム要素がメトニミーのターゲットとなることができるためである。同様に,「鍋$_e$」に関しても,「となりの鍋$_b$を襲(う)」という表現が可能になるのも,「肉をめぐる熾烈な争い」という文脈があってのことである。日常的な言語表現では,「銀行を襲って金を奪う」のような表現が「襲う」の典型的な用法であり,「襲う」の目的語には何らかの損失を被る主体が選ばれる。「銀行」という語は「建物」「組織とその構成員」といった様々な概念を喚起し,それらの概念は「襲う」の喚起するフレームの要素に合致するが,「鍋」は典型的にはこのような概念を喚起しない。(51)では,上述の｜鍋,人,肉｜という組がテクスト内で成立しており,損失を被る人,物理的に移動する肉,肉の容器としての鍋が「襲う」の喚起するフレームと合致する。一部の読み手はこれらの文脈抜きにメトニミー的解釈が可能かもしれないが,少なくとも文脈によって解釈は容易になるだろう。

---

1) この3つはあくまでも「鍋をめぐる争い」の中心的な要素であり,ここで3つのみが挙げられていることは他の要素が存在しないということを含意しない。

136

　また，一連のメトニミーについてより時系列的な観点，つまり鍋料理を食べるというイベントについてスクリプト的な観点から捉えると，日本の文化においては次のような流れが考えられる。

> （i）食材の入った鍋が置かれた机の周りに複数の人が座る。この時，宴会など人数が多い場合は複数の机や鍋が用意される。
> （ii）食材などが運ばれ，鍋の周囲の人間が調理を始める。店で行う場合は店員によって調理が行われる場合もある。
> （iii）食材に十分火が通ったら周囲の人間は各自で鍋に入った食べ物を取り，それを食べる。
> （iv）多くの場合，食事中には一般的な食事よりも活発に会話が行われる。
> （v）何度か追加の食材が運ばれ調理と摂食が繰り返される。
> （vi）食事が終わる。

　上記の流れは，メタファーの写像先である鍋料理を食べるというイベントに関するスクリプトであり，（51）においてはそれぞれの鍋$_i$のメトニミーにおける隣接性の基礎となっているが，（51）では同時に「戦い」のメタファーによって上に挙げた一般的なスクリプトに詳細な情報が加わっている。例えば，上記（iii）の段階では「肉をめぐって熾烈な争いをやった」「箸で箸を打つ剣術試合のごとき様相」というように平等な取り分けではない肉の分配方法や，一般的ではない箸の使い方が描写され，メタファーによって系統的に新たな情報が付け加えられている。また，（iv）に関しては社交的であるという点では一致しているものの，和気藹々という訳ではなく「剥き出しの食欲を恥も外聞もなくぶつけ合ったあげく，番長同士の河原の決闘後に育まれるような熱い感情を覚えた」とある種のスポーツマンシップに則った戦いを通じた交友の深まりが描かれている。

　一方，「戦い」のスクリプトはより多様である。（51）の 7 行目まででは，「剣術試合」「番長同士の河原の決闘」のように個人対個人の試合としての戦いが想定されているが，8 行目以降では，より戦争に近い側面が強調され，集団と集団が争い，「襲う」「奪う」といったスクリプトが反映されている。先にフレーム的観点からの分析として挙げた 鍋，人，肉 という組み合わ

せはこのようなスクリプトのもと「戦い」フレームに対応付けられ，これらの関係が鍋eのメトニミーについて解釈が成立するための基盤となっている。

5.2 で述べた通り，メトニミーの一部はその場で構築された隣接性によって成立する。ここではメタファーとのインタラクションという観点から (51) を分析したが，その場で構成される隣接性が概念メタファーによるマッピングと深い関わりを持つ場合について述べた。従来，メタファーとメトニミーのインタラクションはミクロ的な観点，あるいは文脈から独立した典型的な用法についての研究が中心であった。しかし，ここで明らかにした通り，テクスト内で局所的に起こった創発的なインタラクションも存在する。このような創発的なインタラクションはより複雑で，本節で述べたような指示的結束性，語彙的結束性も関与する。(51) で複数回出現する「鍋」が指示的に関連するものとして解釈されることで，メトニミー的解釈として適切なターゲットにアクセス可能になる。そして，テクスト中ではアクティヴゾーンである「人」や「肉」が概念メタファーのターゲットドメインである「戦い」の要素としても解釈され，「剣術試合」「決闘」といった「戦い」のドメインで字義的に解釈される語と複雑な語彙的結束性を結んでいる。定着した表現についてのメタファーとメトニミーのインタラクションも，歴史的な過程を辿ればその発生当初は創発的であったのは自明であり，どのようにして創発的なインタラクションを作り出せるのか，並びにどのようにして創発的なインタラクションを含む表現を理解するのかについて追究することも必要だと言えるだろう。また，このようなメタファーとメトニミーの複雑なインタラクションをテクストレベルで研究する場合，既存のテクストの改変は可能だが，全て作例によって研究することは，作家を兼ねた研究者や文才に溢れた研究者でもない限り困難であるといえよう。修辞表現の理解について文脈まで含めた実態を明らかにするには，短期的な視点で言えば本研究で扱ったようなデータを蓄積し，事例ベースで研究を進めていくことが望ましいだろう。

6.2.2 語義の一貫性：メタファーとメトニミーの差異

6.2.1 ではメタファーとメトニミーのインタラクションについて述べた

が，ここでは語義の一貫性の観点から，メタファーとメトニミーの差異について述べる。4.4 で明らかにした通り，短いテクストにおいては 1 つのレンマ（特に，名詞・形容詞）の語義は一貫していることについて述べた。また，異義反復や類音語接近といった修辞技法があることからも，読み手はある程度テクスト内での語義は一貫しているという期待を持つと考えられる。しかし，(51) においては「鍋」が複数回用いられており，いずれもメトニミー的な転義と関わっていた。メトニミーについては VUAMC のようなデータが利用できないため，少数の例から一般化せざるを得ないが，ここではメタファー的な転義とメトニミー的転義の違いから語義一貫性とユーモラスな修辞的効果の関わりについて考察する。

　まず，(51) における「鍋」のメトニミー的意味について，その参照点とターゲットの連鎖を示す。

　　表記（i.e. 参照点）：鍋—鍋—鍋—鍋—鍋
　　意味（i.e. ターゲット）：容器—場所—人間—イベント—（容器・料理など）

テクスト中の「鍋」を含む名詞はいずれも「鍋」という形式で，ここでは複合名詞の一部としては出現しない。一方，メトニミーのターゲットは容器や場所など，毎回異なるといっても過言ではない。このような結果が（駄洒落的に）ユーモラスな効果をもたらさないことについて，ここではメタファーとメトニミーで転義の仕方が異なることに注目しながら考察する。

　まず，Radden の一連の研究によれば，メトニミー的過程とはある概念的存在（*conceptual entity*）を通して別の存在にアクセスすることであり，共に概念的に存在する参照点とターゲットのうち際立っている一方が参照点として選択される Radden and Kövecses（1999, 19）。加えて，メトニミーとは X PLUS Y のような関係であり，液体に水を注ぐと実際に水位が上がるような隣接関係と，"high price" のような MORE IS UP に基づくメタファーで，量が多くても物理的な何かが実際に上昇しないものとを区別している。基本に立ち戻って言えば，メトニミーは同じドメインの中でのプロファイルシフトであるのに対し，メタファーでは別々のドメイン間でのマッピングであることが，ユーモラスな効果を生み出す要因になっていると考えられる。Croft（1993）の理

論に従えば，ある文は1つの統一されたフレームの中で解釈されなければならず，この理論は本書でも前提として認めている。つまり，フレーム内での統合という観点からすれば，メトニミー的転義であれば同じ場面に存在する対象の中でプロファイルがシフトするだけであるのに対し，メタファーでは全く別の概念を想起しなくてはならない。これを語義一貫性の観点から見ると，メトニミーでは参照点という形で語義の一貫性が保たれているのに対し，メタファーでは全く別の概念を想起しなければならず，語義の一貫性が保たれているとは言えない。

　なお，本書でも既に指摘した通り，メトニミー的な転義に基づく異義兼用が不可能という訳ではない。

> （52）やがて書記の川村がどうかお着席をと云うから，柱があって靠《よ》りかかるのに都合のいい所へ坐《すわ》った。海屋の懸物の前に狸《たぬき》が羽織《はおり》，袴《はかま》で着席すると，左に**赤シャツが同じく羽織袴で陣取《じんど》った。**
>
> 　　　　　　　　　　　　　　　　　　　　　　　　　　　（（46）再掲）

　（52）では，テクスト内で構築され定着した「赤シャツ」と「教頭」の隣接関係に基づくメトニミーを利用し，異義兼用的な面白さが加わっている。ここでのメトニミー的解釈には，Raddenの指摘したような「共に概念的に存在する」という条件が，少なくとも物理的な隣接性という観点からすれば満たされていない。本来隣接性の根拠となっていた「教頭」がいつも「赤シャツ」を着ているという条件が（52）では成立せず，ターゲットである「教頭」のみが文の表している場面の解釈としてプロファイルされることになる。本来参照点となるはずである衣服としての「赤シャツ」は，語用論的定着により喚起されなくてもよい筈だが，（52）では「羽織袴」という別の語とのカテゴリ関係から衣服としての意味が喚起され，加えて隣接関係からすれば本来「赤シャツ」が占めている筈の地位を「羽織袴」が占めることになり，ユーモラスな効果が生じている。

円安と円高

　概念メタファー理論では「方向付けのメタファー」と呼ばれる種類の概念メタファーが整理されており，本文で挙げた MORE IS UP もその一種である。方向付けのメタファーには他に GOOD IS UP, HAPPY IS UP 等があり，空間の上下方向を表す言葉は様々な抽象的概念に拡張されて日常的に使われている。

　日頃，ニュースでは為替相場に関する報道があり，円高・円安という用語は日常的に耳にするだろう。一般的に日本円と米ドルのレートを表す際の数値は「ドル円レート」と呼ばれ，1 米ドルと交換できる日本円の量で表される。ご存知の通りこのドル円レートの値が大きいほど円安，小さいほど円高である。しかし，普段為替相場を気にしない生活をしている人でなければ，一瞬戸惑うのではないだろうか。

　一般的に，「○○が高い」と言った時には「○○＝XX 円」と表され，「高い」の主語にあたるものがどれだけの貨幣と交換できるかに相当する。つまり，普段 80 円だった大根が 100 円になると「大根が高い」状態になる。価格に関わる形容詞については，「高い・低い」と「高い・安い」が両方共使われるので概念メタファー的に MORE IS UP と一致するとも言い切れないのだが，大きい・小さいと高い・安い（低い）が対応していると，逆の場合に比べて日本語話者には直感的に理解しやすいだろう。また，ドル円レートはチャートで表される際，縦軸に取られるため「（ドル円レートの）上昇」と「円安」，「下落」と「円高」が同じことであるのもややこしい。

　「100 円＝XX ドル」の形式で表示されればこの認知のズレも解消されるのだが，慣習や国際的な表示方法などの関係でそうもいかないのかもしれない。色々な原因で言語表現と認知のしやすさは捻れてしまうのだろう。

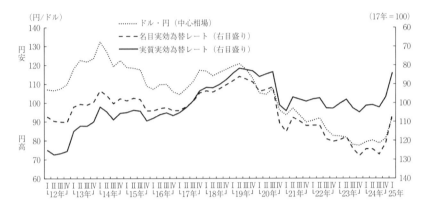

経済産業省作成 （https://www.meti.go.jp/statistics/toppage/report/bunseki/pdf/h25/h4
a1306j1.pdf, 2019 年 8 月閲覧。）のドル円チャート。グラフの上方向に向かうほど円安,
下方向に向かうほど円高になる。）

第 7 章

結語と展望

7.1 本書の言語学的意義

　これまでの研究では，Semino（2008）などの例外を除き，「文脈」というものについて語用論的な状況を設定することはあっても，テクストの実例を分析して具体的にどのような要素が理解に影響しているか，ということはされてこなかった。本書ではそのような先行研究で不足していた部分について，結束性，談話トピック，語用論的定着といった観点から実例を分析・考察し，どのような「文脈」が修辞表現の理解に影響を与えるかを示した。換言すれば，これまで曖昧模糊としていた修辞表現の「文脈」を具体化することに貢献したと言ってよいだろう。認知文法では，語彙項目の喚起する意味は使用の度に異なるという立場を取っているが，喚起される意味の差異について，本書では可能な限り具体的に言語として現れた文脈を扱ったつもりである。また，そうすることで出来る限り客観性を高め，建設的な議論が可能な枠組みを提示した。

　換言すれば，本書は語レベルから句，節，文を経てテクストレベルに至るまでの範囲で修辞表現の説明を目指し，文以下のミクロレベルと文を超えた単位であるマクロレベルでの両方喚起される意味の相互作用の記述を追究した研究であると言える。ミクロレベルについては，記号の合成過程を通じて転義の詳細について明らかにし，マクロレベルの観点ではミクロレベルで構築された関係がどのようにミクロレベルの意味と相互作用するかを追究し

た。両者を射程に含めたことにより，異義兼用のように複数の意味が喚起される表現についての説明が可能になったり，創造的な修辞表現についてどこで構築された知識を手がかりに聞き手が意味を推測しているかについて説明することができた。特に，後者については複数の小説において特定の個人（つまり，人のインスタンス）を指すメトニミーが初めて用いられる際に何を手がかりとして理解されるかについて述べ，それらが連続的に使用される場合があることを明らかにした。また，その一部である「坊っちゃん」の例ではテクスト内での語用論的定着により，異義兼用的な解釈が可能になることについても触れた。

　また，マクロレベルの要因を考慮することにより，修辞表現を始めとした言語の意味の理解がダイナミックな過程であると捉えることが可能であることを示した。例えば，先に挙げたメトニミーによる名付けの例では，テクスト内で構築された隣接性が手がかりとなり，メトニミーの参照点がターゲットとなる特定のインスタンスと関連づけられる。これは安定した一般的知識に基づくメトニミーではなく，その場で構築された知識を基にしてダイナミックに構築される関係である。更に，「鍋」の例では特定の鍋を囲む人々と，その人々が行う行為が描写される部分において，鍋を戦いに見立てた概念メタファーの提示と戦いのフレームに依拠したメトニミーという複雑な関係を記述した。(51) の例で見られた「鍋」によるメトニミーではターゲットが使用の度に頻繁に入れ替わるが，「鍋」を「戦い」に見立てている場面という文脈においてメトニミーが登場することにより，読み手は柔軟にターゲットに辿り着くことができる。

　一方，文脈から修辞表現を見ることと修辞表現から文脈を見ることは表裏一体であるが，本書は談話・テクスト研究にも貢献している。これまでの談話・テクスト研究では，いわゆる「普通の表現」を対象にした理論を構築してきた。それは理論の発展の過程として当然のことだが，本書の特徴は「普通の表現」についての談話・テクスト理論を通じて修辞表現という逸脱した例を捉えた点である。特に，本書では結束性を中心に修辞表現の理解について多く考察した。例えば，従来単なる繰り返しとして扱われてきた語彙的結束性について形式と意味の対応を考慮し，同じ語彙項目が同じ語義で使用さ

れることについての期待があるという，多義語の結束性をテクストレベルで考えるためのモデルの提唱，並びにテクスト中で構築された隣接性が，指示的結束性を通じて後続する部分でのメトニミーの理解を可能にしている点などである。結束性についての議論に限らないが，本書を通じて談話・テクストレベルでの規則——あるいは要因——は，いわゆる文法規則よりは弱いが，様々な形で文の意味を解釈するときに影響を与える。結果として，修辞表現という逸脱した例でも保たれている「普通」の部分，つまり読み手や聞き手の期待を裏切らない部分が，実は修辞表現の理解を助けていることを示した。

　また，本書ではメタファーやメトニミーといった主要な修辞表現のみならず，隠喩クラスターや異義兼用，異義反復といった周辺的な修辞表現を扱い，本章で先に述べたような知見を得るに至った。レトリック研究を談話研究の先駆と見做す研究者もいる（van Dijk 1997, 12）ように，レトリックは言語を探求する上で無視できない存在であることが示唆される。特に，本書ではこれまで余り研究対象とされることがなかった修辞技法に焦点を当てることで，言語の重層性について示すことができた。しかし，本書で対象とすることができた修辞技法はごく一部であり，等閑視されている技法はまだ多数残っており，これらに光を当てることでまた言語研究に新たな知見をもたらすことが可能であると思われる。

　一方，本書では認知言語学的な修辞表現の研究に談話・テクスト言語学的な知見を取り入れたのに加え，質的研究と量的研究の併用も目指した。近年，コーパス言語学に限らず，認知言語学内部でも量的手法を取り入れた研究が進められている。例えば，古典的なエントロピーや Zipf 則に加え，構文と意味の扱いまでを含め解説した概説書（Gries 2017）が出版されているほか，人工知能系の学会 AAAI で Adele Goldberg が Organizing Committee Member の一員を務める構文文法と自然言語理解のシンポジウムが開かれる[1]など，認知言語学と計量的研究や工学的研究との交流が盛んになる兆しが見られる。Langacker（2016）は数字のみを追う計量研究には警鐘を鳴らしながら

1）https://aaai.org/Symposia/Spring/sss17symposia.php¥#ss02

も，質的研究と量的研究は相補的でシナジー的であると述べている。認知言語学全体がこのような流れの中にある中で，本書が認知言語学的な修辞研究に対し貢献できていれば幸いである。

7.2　展望と結び

　本書で示したことのうち，今後の発展を期待できるのは主に談話・テクスト研究と認知文法の統合，計量的な修辞表現研究の発展，及び先にも述べたような修辞学的知見の見直しである。まず，談話・テクストレベルの研究については，前述の結束性やトピック連続性と語義の問題を追究することに加え，テクスト内で構築された知識と結束性の関係について更に研究を推進することが考えられる。特に，本書で示した認知文法によるミクロレベルの意味表示と結束性の関係は，Langacker（2001）による認知文法における談話の表示理論を精緻にすることや，応用先を広げるということについて希望を与えるだろう。

　また，計量的な修辞表現研究の発展については，本書で示した手法をより洗練されたものに深化させることや，コーパスサイズの拡大やコーパス構築の方法の改善など，様々な展開が考えられる。本書で示した語義一貫性の計量方法は簡便なものであり，テクスト内でどのような順序で語義が現れるかを考慮しておらず，Givón（1983）の提唱するトピック連続性のような計測方法を取り入れ，書き手がどのように1つの語の語義をマネジメントしているかを詳しく知ることができるようになるだろう。また，このような計量的研究にはデータとなるコーパスが不可欠であり，コーパスを利用した研究成果が世に出ることで需要が高まりコーパスの改良が進み，研究成果が増えるという好循環をもたらすことが望まれる。

　一方，談話・テクスト研究との統合や計量的研究などのフロンティアだけでなく，これまでの伝統的なレトリック研究で分類されてきた修辞技法に再度注目することも言語学にとっては研究を発展させる上で重要になるだろう。本書では隠喩クラスターや異義兼用，オクシモロンなど現在の認知意味

論研究ではマイナーと言える修辞表現を取り扱ったが，扱い切れなかった表現も多々残されている。伝統的なレトリック研究では効果的な表現の型を分類することに注力していたが，それらは幾分逸脱的であると捉えられているため，文法と表裏一体であると言える。規則から多少逸脱した表現が理解可能であるためには何が必要か，ということは本書で設定した問題でもあるが，修辞表現はこうした規則からの言わば「ギリギリの」逸脱の宝庫である。言語研究は今まで的確な文と不適格な文の差異を中心に行われてきたが，効果的であるが多少逸脱を含む表現について掘り下げていくことは，文法や広い意味での規則の更なる理解にもつながるだろう。本書で研究対象とした修辞表現は，人間による自然言語理解の柔軟性や重層性を示している。数理的な記号やプログラミング言語が曖昧性を排除した一意な記述を目指す体系である一方，自然言語は解釈の多様性や曖昧性を持っており，その背後には本書で示したように多重性がある。このような自然言語の特徴はミスコミュニケーションをもたらす危険性を孕んでいる一方，限られた記号を柔軟に用いることでそもそも多様である現実世界をうまく表現することにも利用できる。修辞表現の理解は書き手が言わんとしていることの理解と密接に関わっているが，その理解に辿り着くまでには文としての整合性，結束性や談話トピックなど，ミクロ・マクロを問わず様々な要因が関与していることを示した。また，異義兼用のようにユーモラスな効果をもたらす修辞表現では，要因同士で喚起する意味が異なることを指摘した。実際の言語使用では多くの場合，意味を喚起するこのような要因はお互いに似たような意味を喚起したり，喚起する意味同士が干渉しないが，これらは冗長性とも捉えられるし，雑音や聞き逃しをカバーする堅牢性とも捉えることができる。

　別の見方をすれば，修辞表現は言語の複雑さを逆手に取ったような使用法だと見ることもできる。本書では第 1 章で言語の複雑さは外界や人間の内面の複雑性に対応するためのものと仮定した。本書で取り扱った修辞表現の理解に関わる様々な要因は，おそらく普段はコミュニケーションの堅牢性を作り出すために冗長になっている部分もあるだろうが，修辞表現は複雑なシステムを元とは別の目的で，つまり表現や認識上の面白さを追加するなどの目的で利用している。本書で取り扱った表現は意味の衝突や文脈からの逸脱な

ど，様々なコミュニケーション上の危険を冒しながらも，別の要因によって本来の意味が理解可能なよう誘導されていた。言語は本質的に重層的であり，修辞表現は言語の重層性を活かしたエスプリの効いた使い方だと言うことができるだろう。

　自然言語による表現が多様な解釈を許すことは，欠点であり利点であると言えるだろう。人間が使用している代表的な記号体系には自然言語と数式があるが，自然言語の方が数式よりも圧倒的に曖昧性が高いことは多くの人が同意するだろう。この曖昧性により，自然言語によるコミュニケーションではしばしば誤解が生じるという欠点がある。しかし，曖昧性の一部は本書で述べた重層性を生み出すことと表裏一体であり，自然言語の豊かさを生み出す源ともなっているとも捉えられる。数式においてもいわゆる記号の濫用のように，意図的に既存の概念を正しくはないが効果的に用いることはあるものの，自然言語とは異なりあくまでも濫用であることを意識しなければならず，自然言語における修辞表現のように軽微な逸脱を犯しているものの，テクストや本書では扱いきれなかった非言語的な文脈によって直感的に理解でき，むしろそう表現することが自然であることとは異なる。このような点で，自然言語は人間にとって柔軟なコミュニケーションチャネルであり，豊かさをもたらしていると言えるだろう。

　近年，人工知能の発達を始めとした機械の「知性」が存在感を高めている。従来，知性と言えば論理的で無矛盾な思考がまず想起されていただろうが，近年ではそのような思考はむしろ機械の領分になりつつある。人間の思考にはバイアスがかかっていたり，しばしば誤りが見られるが，これまで経験したことのない状況や観察されたことのない事例へ対応できるという機械の知性が持たない強みを持ち，言わば「柔軟な知性」と言っても良いだろう。メタファーやメトニミーをはじめとした修辞表現はまさにこのような知性の中核となる要素の一部であり，今後も修辞表現の理解メカニズムを明らかにすることは，人間の知性の特徴を探求する上で重要であり続けるだろう。

　実際，現在の自然言語処理技術では「正解」が存在し，文脈を考慮する必要性が低い分野においてはかなり高精度な解析が可能になった一方，正解が

不明瞭な場合や文脈を考慮する必要性が高い場合には依然として弱さが見られる。例えば，ニューラルネットを用いた形態素解析機は単語分割・品詞推定タスクで約 0. 95 の F 値（精度を表す指標）を達成することができる（森田 and 黒橋 2016）。しかし，チャットボットと呼ばれる会話を行うためのシステム開発では依然として文脈の処理が弱く，会話の公理（Grice 1975）を応用したカスタマーサービス用チャットボットが文脈の一貫した短い会話をできるようになった，と主張する研究（Chakrabarti and Luger 2015）が出ているような段階である。また，議論マイニング（argument mining）という議論を構造的に把握して情報抽出等を行う分野でも，世界知識（本書で紹介した百科事典的知識に相当）の実装を目指した研究（Botschen, Sorokin, and Gurevych 2018）や，トピックの把握を目指した研究（Gu et al. 2018）が行われている段階である。このように文脈の関わる分野は現在の人工知能開発においてはフロンティアであり，修辞表現の理解も含めたしなやかな知能については，まだまだ人間に分があると言える。

　冒頭で述べたように「テクスト」という語は織物を表す textile と同語源であり，日本語の「言葉の綾」という言い方も織物に関わるメタファーである。多少対象はずれるものの，両者は言語の複雑さを共に織物のように複雑な組み合わせと見立てていることの表れであると言えるだろう。本書では言葉の意味の重層性をテーマに取り扱ったが，修辞表現を織物に喩えて言えば，複雑に張り巡らされた糸が織りなす模様が角度によって多様な見え方をすることに相当するだろう。その多様な見え方の全てを余すことなく記述したと言うには程遠いが，ここで筆を置くことにする。

あとがき

　まえがきにも書いた通り，本書は京都大学人間・環境学研究科に提出された博士論文をもとに，専門外の方にも分かりやすく説明を加えたものである。元となる博士論文執筆に当たっては，学部生の頃から博士後期課程1年次まで指導教官として，またその後も継続して熱心なご指導を頂いた京都大学名誉教授山梨正明先生ならびに，博士後期課程2年次以降指導教官として温かいご指導を頂いた京都大学教授谷口一美先生に厚く御礼申し上げる。そして，副査としてそれぞれの専門的な観点から様々なコメントを下さった齋藤治之教授，河﨑靖教授に深く感謝申し上げる。

　また，山梨研究室・谷口研究室における言語フォーラムでの議論や，研究室の方々から頂いたサポートは博士論文の執筆に欠かせないものであった。中でも，著者より1年先輩で，当時勤務先が一緒だったこともあり，博士論文提出に当たっての生活や手続きに関する様々なアドバイスを下さった神澤克徳氏，ならびに，著者が奈良に移住して研究室の方々に直接意見を求めることが難しくなった中，本書の校正を引き受けて下さった岡久太郎氏，及び，研究室の世話係として研究室と著者を繋いで下さった永井宥之氏には特に感謝申し上げる。研究室の皆様には言語フォーラムでの議論を含む学術的な面のみならず，旅行などの様々なイベントを通じて院生生活を無味乾燥なものでなく，生き生きと過ごすことができたという点でも大変お世話になった。

　研究発表においては，日本認知言語学会，言語科学会，京都言語学コロキアムの場で議論に参加して下さった方々に，多くの参考になるご意見を頂いた。また，論文の発表の機会として言語科学論集と認知言語学論考に寄稿したが，その際にお世話になった方々，特に2014年に刊行された言語科学論集の原稿執筆の際，親身になって英文校正をして下さった木本幸憲氏に感謝申し上げる。

　書籍化の際には担当の國方栄二氏，編集長の鈴木哲也氏をはじめ，京都大

学学術出版会の方々に多くのアドバイスを頂いた。

　なお，本書の出版に当たっては，令和元年度京都大学総長裁量経費人文・社会系若手研究者出版助成ならびに令和元年度 京都大学大学院人間・環境学研究科長裁量経費による支援を受けた。

　最後に，様々なリスクがあることを承知しながらも，著者に研究の道を選ぶことを許し，支えてくれた家族に感謝の意を表する。

　令和 2 年 1 月

参考文献

Baldick, Chris. 2008. *The Oxford Dictionary of Literary Terms*. 3rd ed. Oxford: Oxford University Press.

de Beaugrande, Robert, and W Dressler. 1981. *Introduction to Text Linguistics*. London: Routledge.

Black, Max. 1962. *Models and Metaphors: Studies in Language and Philosophy*. Ithaca: Cornell University Press.

Botschen, Teresa, Daniil Sorokin, and Iryna Gurevych. 2018. "Frame- and Entity-Based Knowledge for Common-Sense Argumentative Reasoning." In *Proceedings of the 5th Workshop on Argument Mining*, 90‒96. Brussels, Belgium: Association for Computational Linguistics.

Brown, Gillian, and George Yule. 1983. *Discourse Analysis*. Cambridge: Cambridge University Press.

Chakrabarti, Chayan, and George F. Luger. 2015. "Artificial Conversations for Customer Service Chatter Bots: Architecture, Algorithms, and Evaluation Metrics." *Expert Systems with Applications*, 42(20): 6878‒97.

Chomsky, Noam. 1965. *Aspects of the Theory of Syntax*. Cambridge, Massachusetts: MIT Press.

Croft, William. 1991. *Syntactic Categories and Grammatical Relations: The Cognitive Organization of Information*. Chicago: University of Chicago Press.

Croft, William. 1993. "The Role of Domains in the Interpretation of Metaphors and Metonymies." *Cognitive Linguistics* 4(4): 335‒70.

Cruse, Alan. 2011. *Meaning in Language: An Introduction to Semantics and Pragmatics*. 3rd ed. Oxford: Oxford University Press.

Curtius, Ernst Robert. 1954. *Europäische Literatur Und Lateinisches Mittelalter*. Bern: Francke Verlag.

Deignan, Alice, Jeannette Littlemore, and Elena Semino. 2013. *Figurative Language, Genre and Register*. Cambridge: Cambridge University Press.

van Dijk, Teun A. 1980. "The Semantics and Pragmatics of Functional Coherence in Discourse." *Versus. Quaderni Di Studi Semiotici Milano* 26‒27: 49‒65.

van Dijk, Teun A. 1997. *Discourse as Structure and Process*. London: Sage.

Fillmore, Charles. 1976. "Frame Semantics and the Nature of Language." *Annals of the New York Academy of Sciences* 280(1): 20‒32.

Fillmore, Charles. 1982. "Frame Semantics." In Linguistic Society of Korea (ed.),

Linguistics in the Morning Calm, 111-37. Hanshin Publishing Co.

Givón, Talmy. 1983. *Topic Continuity in Discourse*. Amsterdam: John Benjamins Publishing Company.

Givón, Talmy. 1995. "Coherence in Text vs. Coherence in Mind." *Coherence in Spontaneous Text*, 59-115.

Glucksberg, Sam, and Boaz Keysar. 1990. "Understanding Metaphorical Comparisons: Beyond Similarity." *Psychological Review* 97(1): 3-18.

Goossens, Louis. 1990. "Metaphtonymy: The Interaction of Metaphor and Metonymy in Expressions for Linguistic Action." *Cognitive Linguistics* 1(3): 323-42.

Grice, H Paul. 1975. "Logic and Conversation." In Peter Cole and Jerry L Morgan (eds.), *Syntax and Semantics Vol.3: Speech Acts*, 41-58. New York: Academic Press.

Gries, Stefan Th. 2017. *Ten Lectures on Quantitative Approaches in Cognitive Linguistics: Corpus-Linguistic, Experimental, and Statistical Applications*. Leiden: Brill.

Gu, Yunfan, Zhongyu Wei, Maoran Xu, Hao Fu, Yang Liu, and Xuanjing Huang. 2018. "Incorporating Topic Aspects for Online Comment Convincingness Evaluation." In *Proceedings of the 5th Workshop on Argument Mining*, 97-104. Brussels, Belgium: Association for Computational Linguistics.

Halliday, M A K, and Ruqaiya Hasan. 1976. *Cohesion in English*. London: Longman.

Halliday, M A K, and Ruqaiya Hasan. 1985. *Language, Context, and Text: Aspects of Language in a Social-Semiotic Perspective*. Oxford: Oxford University Press.

Halliday, M A K, and Christian M I M Matthiessen. 2014. *Halliday's Introduction to Functional Grammar*. London and New York: Routledge.

Hobbs, Jerry R. 1979. "Coherence and Coreference." *Cognitive Science* 3(1): 67-90.

Katz, Jerrold J, and Jerry A Fodor. 1963. "The Structure of a Semantic Theory." *Language* 39(2): 170-210.

Keenan, Elinor Ochs, and Bambi B Schieffelin. 1976. "Topic as a Discourse Notion: A Study of Topic in the Conversations of Children and Adults." In Charles N Li (ed.), *Subject and Topic*, 335-84. New York: Academic Press.

Kehler, Andrew. 2002. *Coherence, Reference, and the Theory of Grammar*. Cambridge: Cambridge University Press.

Kittay, Eva Feder. 1984. "The Identification of Metaphor." *Synthese* 58(2): 153-202.

Koller, Veronika. 2004. "Businesswomen and War Metaphors:'Possessive, Jealous and Pugnacious'?" *Journal of Sociolinguistics* 8(1): 3-22.

Kövecses, Zoltán. 2005. *Metaphor in Culture: Universality and Variation*. Cambridge: Cambridge University Press.

Lakoff, George. 1987. *Women, Fire, and Dangerous Things: What Categories Reveal about the Mind.* Chicago: University of Chicago Press.

Lakoff, George, and Mark Johnson. 1980. *Metaphors We Live By.* Chicago: University of Chicago Press.

Lakoff, George, and Mark Turner. 1989. *More than Cool Reason: A Field Guide to Poetic Metaphor.* Chicago and London: University of Chicago Press.

Langacker, Ronald W. 1987. *Foundations of Cognitive Grammar Vol. 1: Theoretical Prerequisites.* Stanford: Stanford University Press.

Langacker, Ronald W. 1991. *Foundations of Cognitive Grammar Vol. 2: Descriptive Application.* Stanford: Stanford University Press.

Langacker, Ronald W. 1993. "Reference-Point Constructions." *Cognitive Linguistics* 4 (1): 1-38.

Langacker, Ronald W. 1994. "Structural Syntax: The View from Cognitive Grammar." *Sémiotiques*, no. 6-7: 69-84.

Langacker, Ronald W. 2001. "Discourse in Cognitive Grammar." *Cognitive Linguistics* 12 (2): 143-88.

Langacker, Ronald W. 2008. *Cognitive Grammar: A Basic Introduction.* Oxford University Press.

Langacker, Ronald W. 2016. "Working Toward a Synthesis." *Cognitive Linguistics* 27(4): 465-77.

Leech, Geoffrey N. 1969. *A Linguistic Guide to English Poetry.* London and Harlow: Longman.

Littlemore, Jeannette. 2015. *Metonymy.* Cambridge: Cambridge University Press.

Mann, William C, and Sandra A Thompson. 1988. "Rhetorical Structure Theory: Toward a Functional Theory of Text Organization." *Text-Interdisciplinary Journal for the Study of Discourse* 8(3): 243-81.

Minsky, Marvin. 1974. "A Framework for Representing Knowledge." Cambridge, MA: Massachusetts Institute of Technology.

Radden, Günter, and Zoltán Kövecses. 1999. "Towards a Theory of Metonymy." In Klaus-Uwe Panter and Günter Radden (eds.), *Metonymy in Language and Thought*, 17-60. Amsterdam: John Benjamins.

Richards, Ivor A. 1936. *The Philosophy of Rhetoric.* New York and London: Oxford University Press.

Schank, Roger C, and Robert P Abelson. 1977. *Scripts, Plans, Goals, and Understanding: An Inquiry into Human Knowledge Structures.* Hillsdale, NJ: Lawrence Erlbaum Associates.

Semino, Elena. 2008. *Metaphor in Discourse.* Cambridge: Cambridge University Press.

Sparks, Jared. 1840. *The Works of Benjamin Franklin.* Vol. 1. Boston: Hilliard Gray.

Sperber, Dan, and Deirdre Wilson. 1995. *Relevance: Communication and Cognition*. 2nd ed. Oxford: Blackwell.

Steen, Gerard J, Aletta G Dorst, J Berenike Herrmann, Anna Kaal, Tina Krennmayr, and Trijntje Pasma. 2010. *A Method for Linguistic Metaphor Identification: From MIP to MIPVU*. Amsterdam: John Benjamins.

Stern, Josef. 1983. "Metaphor and Grammatical Deviance." *Noûs* 17(4): 577–99.

Tesnière, Lucien. 1959. *Eléments de Syntaxe Structurale*. Paris: Klincksieck.

Warren, Beatrice. 2006. *Referential Metonymy*. Stockholm: Almqvist and Wiksell International.

Yarowsky, David. 1995. "Unsupervised Word Sense Disambiguation Rivaling Supervised Methods." In *Proceedings of the 33rd Annual Meeting on Association for Computational Linguistics*, 189–96.

佐藤信夫. 1992a.『レトリック感覚』東京: 講談社.

佐藤信夫. 1992b.『レトリック認識』東京: 講談社.

佐藤信夫, 松尾大, 佐々木健一. 2006.『レトリック事典』東京: 大修館書店.

砂川有里子. 2005.『文法と談話の接点: 日本語の談話における主題展開機能の研究』東京: くろしお出版.

瀬戸賢一. 1997.『認識のレトリック』東京: 海鳴社.

瀬戸賢一. 2007.「メタファーと多義語の記述」楠見孝（編）『メタファー研究の最前線』31-61. 東京: ひつじ書房.

谷口一美. 2003.『認知意味論の新展開: メタファーとメトニミー』英語学モノグラフシリーズ. 東京: 研究社.

辻幸夫（編）. 2013.『新編認知言語学キーワード事典』東京: 研究社.

中本敬子. 2007.「比喩理解における意味特徴の活性化と抑制」楠見孝（編）『メタファー研究の最前線』329-44. 東京: ひつじ書房.

野内良三. 1998.『レトリック辞典』東京: 国書刊行会.

森雄一. 2002.「オクシモロン管見」『成蹊國文』35: 114-26.

森田一, 黒橋禎夫. 2016.「RNN 言語モデルを用いた日本語形態素解析の実用化」『第 78 回全国大会講演論文集』（情報処理学会）2016: 13-14.

山梨正明. 1988.『比喩と理解』東京大学出版会.

山梨正明. 1992.『推論と照応』くろしお出版.

山梨正明. 2004.『ことばの認知空間』開拓社.

山梨正明. 2015.『修辞的表現論: 認知と言葉の技巧』東京: 開拓社.

引用例出典及び辞書

（書籍）

井上ひさし『ドン松五郎の生活』新潮社. 1975.

川端康成「舞姫」『川端康成全集第 10 巻』新潮社. 1980.

重松清『ロング・ロング・アゴー』新潮文庫. 2012.

瀧羽麻子『左京区七夕通り東入ル』小学館文庫. 2012.

森見登美彦『有頂天家族』幻冬舎文庫. 2010

（電子出版物）

『広辞苑　第五版』岩波書店. 1998.

太宰治『道化の華』青空文庫. 2016.（http://www.aozora.gr.jp/cards/000035/card255.html）

永井荷風『濹東綺譚』青空文庫. 2014.（http://www.aozora.gr.jp/cards/001341/card520 16.html）

夏目漱石『坊っちゃん』青空文庫. 2011.（http://www.aozora.gr.jp/cards/000148/card 752.html）

（Web ページ）

http://www.bbc.co.uk/news/magazine-19755695

用語解説

本書で扱う分野へ馴染みのない方に向けて，認知言語学，談話・テクスト言語学，修辞学の用語を簡単にまとめておく。用語は修辞学の概念と機能主義的言語学の概念に分け，それぞれ五十音順に配置した。また，記述に当たっては基本的に『レトリック事典』（佐藤，松尾，佐々木 2006），『新編 認知言語学キーワード事典』（辻 2013）を参考にし，必要に応じて他の参考文献を示した。

修 辞 学

異義兼用

1回しか表記または発声されていない音声が2つの意味に兼用されている表現。例えば，「警察の犬」が特定の文脈において「警察に所属している犬」という文字通りの意味と，「警察の回し者」のような慣用的意味の両方で捉えられる場合。

異義反復

ある語が複数回使用されたときに，別々の意味で用いられることによりユーモラスな感覚や面白みが生じる修辞表現。異義兼用が1つの語が1度しか使用されていない場合に複数の意味が喚起される修辞表現であったのに対し，異義反復では別々の意味で複数回使用される。

隠喩クラスター

佐藤（1992b, 197）がアレゴリーと呼ぶ修辞技法で，「ひとつの隠喩から次々に同系列の隠喩をくり出し，たとえで話を進める表現形式」である。佐藤はアレゴリーという用語についてこちらの意味を基本と考えているが，一般的な用法では寓意という意味で用いられることが多いため，「同系列の隠喩」という現象を扱い，かつ，用語の混乱を避けるため隠喩クラスターと呼んでいる。

オクシモロン

「小さな巨人」「公然の秘密」など，矛盾する2つの語を結合する技法。対義結合，撞着語法とも呼ばれる。

転喩

結果によって原因，後件によって前件など，時間的前後関係や因果関係に基づく比喩で，メトニミーの一種。現代のメトニミー研究においても，*referential metonymy*

（指示的メトニミー）と *propositional metonymy*（命題的メトニミー）と呼んで区別する立場も存在する（Warren 2006）。

メタファー

類似性に基づく比喩で，「～（の）ような」などの直接的な標識を伴わないものを指す。隠喩とも呼ばれる。古くは直喩（AはBのようだ）とコピュラ形式の隠喩（AはBだ）との比較を中心に研究されていたが，認知言語学においては LIFE IS JOURNEY を代表例とする概念メタファー理論など，人間の思考との関連で研究されることが多い。

メトニミー

隣接性に基づく比喩。換喩と呼ばれることもある。メタファーが類似性に基づいた意味の転用であるのに対し，メトニミーは部分―全体，作品―作者等，何らかの隣接関係に基づいた転用である。認知文法においては，アクティヴゾーンの乖離として説明される。

機能主義的言語学

アクティヴゾーン

記号の合成過程において合成される存在のうち，最も直接的に関係を結ぶ部分構造の一部。例えば，"We all heard the trumpet." という表現で，"heard"（聞いた）と最も直接的に関係が結ばれるのはトランペットの音である。この場合のアクティヴゾーンはトランペットの楽器本体ではなく，その音ということになる。メトニミーの説明と深く関係する。

一貫性

テクストや談話は単なる文の寄せ集めではなく，ある種の「まとまり」を持つ。一貫性はテクストや談話に対して話者が感じるこのまとまりを指す。一貫性の内容について統一した見解があるわけではないが，本書では特に文と文の関係に着目した。

結束性

談話のある要素の解釈が別の要素の解釈に依存する場合に，一方を効果的に解読するためには他方に頼らなければならないという意味で，一方は他方を前提とする。テクストにおけるこのような繋がりを結束性と呼ぶ。結束性を生み出す具体的要因として，Halliday and Matthiessen（2014, 603）は接続（conjunction），指示（reference），省

略（ellipsis），語彙的結束性（lexical cohesion）を挙げている。

精緻化

認知文法における概念で，概略的な構造に対して情報を加え，より詳しく特徴づけること。例えば，"near the door" という合成構造を考えたとき，部分構造 "near" の段階では抽象的にトラジェクターがランドマークの近くにあることしか表さないが，合成過程でランドマークは "the door" によって精緻化され，合成構造の段階でのランドマークはドアという特定的な存在となる。認知図式を描く際は抽象的な "near" のランドマークと "the door" のプロファイルは**対応関係**を持ち，同一であることを示すことができる。

談話トピック

「現在何について話している/書いているか」ということを指す。談話トピックは特定の一つに決められる性質のものではなく，談話トピックを想定する人物の持つ背景によって異なる。

ドメイン

百科事典的意味論を採用する認知文法では，言語が表す意味を概念内容とその概念内容に基づく知識だと規定している。ドメインはあらゆる種類の概念や経験領域を指す用語として広く解釈されている。例えば，"knife" という語は形状，機能，銀器，大きさ，材質，製法，サーカスにおけるナイフ投げなどの認知ドメインの集合を基盤として理解される。ある言語表現は，解釈される概念内容としてひとまとまりの認知ドメインを喚起し，このひとまとまりのドメインを**ドメインマトリックス**（domain matrix）と呼ぶ。

トラジェクター・ランドマーク

あるドメインに含まれるプロファイルのうち，一番際立ちの大きい部分構造を**トラジェクター**，それ以外の際立ちの大きい部分構造を**ランドマーク**と呼ぶ。認知図式ではそれぞれ tr, lm と略記される。実際の言語形式では，（同一の概念ではないが）トラジェクターは動詞の主語，ランドマークは目的語として表されることが多い。

百科事典的意味論

言語記号の意味を属性の束として捉える立場（辞書的意味論）ではなく，その記号の指示物に関して母語話者が持つ知識（百科事典的知識）が総動員されて意味が構築されるとする立場。

ベース・プロファイル

　認知文法では解釈が異なれば意味が異なると考える。ある表現の意味を考えるとき，際立ちの違いも意味の違いに含まれると考えられており，あるドメインにおいて際立ちの大きい部分を**プロファイル**，背景的な部分を**ベース**と呼ぶ。

付録　語義一貫性に関する調査で使用したタグの分類

表：語義一貫性に関する調査で使用したタグの分類

Word class	Tag
ADJ（adjective）	AJ0, AJC, AJS, CRD, DT0, ORD
PREP（preposition）	PRF, PRP, TO0
SUBST（substantive）	NN0, NN1, NN2, NP0, ONE, ZZ0, NN1-NP0, NP0-NN1
VERB（verb）	VBB, VBD, VBG, VBI, VBN, VBZ, VDB, VDD, VDG, VDI, VDN, VDZ, VHB, VHD, VHG, VHI, VHN, VHZ, VM0, VVB, VVD, VVG, VVI, VVN, VVZ, VVD-VVN, VVN-VVD

注："substantive" は BNC baby における品詞分類で，一般的に言う名詞に相当する。

索　　引

人名索引

事項索引

引用作品リスト

井上ひさし『ドン松五郎の生活』　66, 73
川端康成「舞姫」『川端康成全集第10巻』　66

重松清『ロング・ロング・アゴー』　71
瀧羽麻子『左京区七夕通り東入ル』　68
森見登美彦『有頂天家族』　116-123

著者略歴

伊藤　薫（いとう　かおる）

1988年愛知県生まれ。九州大学言語文化研究院助教。京都大学博士（人間・環境学）。京都大学非常勤講師，奈良先端科学技術大学院大学博士研究員などを経て現職。

主な論文

Idea density in Japanese for the early detection of dementia based on narrative speech,（*PLOS ONE*, 13(12), 2018, 共著），「文脈が修辞表現の理解に及ぼす影響」（山梨正明他編『認知言語学論考』No. 13, 2016），「修辞表現と意味の衝突の解決──詳細な記述方法の確立に向けての試論」（『大阪医科大学紀要 人文研究』No. 46・47, 2016），「直喩再考──"like" の機能と様々な修辞技法の関連について」（『日本認知言語学会論文集』No. 15, 2015），Metaphor and Consistency in Text: A Corpus-based Study（*Papers in Linguistic Science*, 20: Department of Linguistic Science, Graduate School of Human and Environmental Studies, Kyoto University, 2014），「Opposed terms を基にしたオクシモロンの分類」（『日本認知言語学会論文集』No. 13, 2013），「オクシモロンにおける矛盾の解決について──ドメインの観点から」（児玉一宏・小山哲春編『山梨正明教授退官記念論文集　言語の創発と身体性』，ひつじ書房，2013），他。

（プリミエ・コレクション 104）

修辞と文脈
──レトリック理解のメカニズム

2020年2月15日　初版第一刷発行

著　者	伊　藤　　薫
発行人	末　原　達　郎
発行所	京都大学学術出版会

京都市左京区吉田近衛町69
京都大学吉田南構内（〒606-8315）
電話　075(761)6182
FAX　075(761)6190
URL　http://www.kyoto-up.or.jp
振替　01000-8-64677

印刷・製本　　亜細亜印刷株式会社

ⒸKaoru Ito 2020　　　　　　　　　　　　Printed in Japan
ISBN978-4-8140-0259-7　　　　　　定価はカバーに表示してあります